KB274793

쾌적한 삶을 위한 부동산 정책 대제안

고·품·격 부동산론

건국부동산연구원 지음
(대표집필 : 이상로)

매일경제신문사

고품격 부동산론

초판 1쇄 2007년 11월 15일

....

지은이 건국부동산연구원(대표집필: 이상로)
펴낸이 김석규 **담당PD** 성영은 **펴낸곳** 매경출판(주)
등 록 2003년 4월 24일(No. 2-3759)
주 소 우)100-728 서울 중구 필동1가 30번지 매경미디어센터 9층
전 화 02)2000-2610(출판팀) 02)2000-2636(영업팀)
팩 스 02)2000-2609 **이메일** publish@mk.co.kr

....

ISBN 978-89-7442-479-4
값 12,000원

2006년 5월, 부동산학을 전공하는 대학원생 (부동산관련 협업에 종사하는 시행사, 시공사, 변호사, 세무사, 금융인, 중개사 등이 구성원)들이 서울 반포의 건국부동산연구원 사무실에 모였습니다.

이 자리에서 우리는 다음과 같이 합의했습니다. "국가의 발전을 위해 꼭 필요한 정책을 만들어서 사회에 제공하자." 그래서 매주 한 번씩 점심시간에 모여 도시락을 먹어가면서 국내외의 참고자료들을 수집하여 발표하고 토론했습니다.

외람되기도 하고 두렵기도 하지만 그 결과를 발표합니다. 이 책이 국가 경제의 발전을 위해 건전한 논쟁의 단초가 되기를 기대합니다.

건국부동산연구원 회원 일동

Contents

부동산에 관한
품격 있는 논의

1

어느 대학의 강의실에서 한 교수가 학생들에게 아주 잘 알려진 이야기 한 가지를 소개했다.

옛날 옛적, 가난한 사나이가 있었다. 그는 아주 탐욕스러운 고리대금업자로부터 돈을 빌렸는데 약속한 날짜에 돈을 갚지 못했다. 고리대금업자는 아주 어두운 밤 그를 강변으로 불러 다음과 같은 제안을 했다.

"내 주머니에 하얀색 돌과 검은색 돌이 있다. 당신이 직접 내 주머니에 손을 넣어서 돌을 한 개만 꺼내라. 만약 하얀색 돌이 나오면 돈을 갚지 않아도 된다. 하지만 검은색 돌이 나오면 돈을 갚는 대신 당신의 딸을 내게 시집 보내야 한다."

물론 이 사악한 고리대금업자의 주머니 속 두 개의 돌은 모두 검은색이었다. 고리대금업자는 처음부터 가난한 사나이의 딸을 차지하고 싶은 욕심으로 돈을 빌려주었던 것이다.

그 교수는 학생들에게 이 가난한 남자가 어떻게 행동하는 것이 현명한지를 물었다. 학생들의 대답은 거의 일치했다. 고리대금업자를 고발해야 한다는 것이다. 어떤 학생은 결투를 해서라도 그 장소에서 벗어나야 한다고 주장했다. 그러자 한 여학생이 손을 들고 조용히 말했다.

"고리대금업자의 주머니에 손을 넣어 돌을 한 개 꺼내다가 실수로 강가에 떨어뜨립니다. 그런 후 '실수로 돌이 떨어졌군요. 어두운 강가에서 떨어진 돌을 찾아내기 어려우니까 당신 주머니 속에 남아있는 돌을 살펴보기로 합시다. 만약 검은색 돌이 당신주머니에 남아있다면 제가 떨어뜨린 돌은 흰색일 겁니다' 라고 말합니다."

1990년 8월 2일 새벽 2시, 당시 이라크의 사담 후세인 대통령이 쿠웨이트를 전격적으로 침공했다. 국경을 넘은 이라크의 국경수비대 3개 사단은 수시간 만에 쿠웨이트 영토를 전부 점령했다. 이에 국제사회는 경악했고 미국 · 영국 · 프랑스군으로 구성된 다국적군이 쿠웨이트를 해방시키기 위해 이라크군과 전쟁을 벌였다.

다국적군은 이라크로 지상군을 보내기에 앞서 비행기로 이라크의 군사시설물을 폭격했다. 이 과정에서 다국적군의 비행기가 여러 대 격추됐다. 특히 영국 토네이도 전투기의 피해가 컸다. 당시 영국신문에서는 '영국의 토네이도 전투기 무엇이 문제인가?' 라는 제목의 기사를 연일 개제했다.

영국전투기 다음으로 많이 격추된 비행기는 미국의 전투기였다. 그러나 프랑스 전투기는 한 대도 격추되지 않았다. 왜 이런 결과가 나왔을까? 프랑스제 전투기는 영국이나 미국 전투기에 비해서 우수한 비행기였을까?

당시 영국은 영국공군이 보유하고 있는 가장 최신예 전투기를 전장으로 보냈다. 물론 미국도 미국이 보유한 최신의 전투기를 출격시켰다. 하지만 프랑스는 프랑스공군이 보유하고 있는 비행기 중 가장 고물 전투기를 보냈다. 그런데 프랑스 전투기만 격추되지 않았다. 왜 그랬을까?

고물 프랑스 전투기에는 레이더가 없었다. 따라서 기상이 나쁜 날은 출격하지 못했다. 레이더가 없으니까 출격 시에 제일 앞에 설 수 없었다. 프랑스 전투기는 당연히 미국과 영국 비행기의 뒤만 쫓아 다녔다. 또 고물 비행기는 근접사격에 취약했기 때문에 지상목표물에 가까이 다가가지 않았다. 하늘 높이서 폭탄 몇 개 떨어트리고 기지로 돌아왔다.

하지만 프랑스는 전쟁이 끝나고 승전국으로서 이익을 챙기는 데는 가장 앞장섰다. 쿠웨이트 전후복구사업에 참여한 프랑스 건설회사들은 영국이나 미국회사들에 비해 전혀 손색이 없는 이익을 취했다.

프랑스가 프랑스공군이 보유 중인 비행기 중 가장 고물 전투기를 전장에 보낸 데는 매우 치밀한 계산이 깔려 있었다. 프랑스는 아랍지역에 많은 식민지를 갖고 있었다. 그리고 현재도 아랍국과 많은 교역을 하고 있다. 따라서 미국이 주도하는 전쟁에 참가해 앞장서 아랍국을 파괴하는 행동을 아랍인들에게 보여주고 싶지 않았다.

또 많은 경제적인 이익이 보장된 전후복구사업에서 빠진다는 것은 상상도 할 수 없는 일이었다. 그래서 가장 고물 전투기를 보낸 것이다. 미국은 프랑스가 고물 전투기라도 보내준 것에 감사했다. 영국과 미국만 참가하는 것보다 프랑스가 참가한 전쟁이 외교적인 명분을 더 얻을 수 있기 때문이었다.

우리나라의 참여정부는 2003년 집권을 시작했다. 집권 초기부터 시작된 부동산과의 전쟁은 집권 말기까지 계속됐다. 많은 시간적·경제적인 투자가 이루어진 참여정부 부동산관련 정책의 결과는 만족스럽지 못했다. 이 과정에서 많은 이해의 대립이 노출됐다. 또 이런 이해의 대립은 자신의 견해만을 소리 높여 주장하는 계층 간의 갈등으로 비화됐다.

이제 우리에게 요구되는 것은 중요한 문제일수록 문제의 본질을 보려는 진지한 자세다. 앞서 언급한 사악한 고리대금업자와 프랑스의 고물 전투기는 우리에게 많은 것을 시사한다. 아무리 어려운 문제라도 냉철하게 그리고 창의적으로 접근하면 해결이 가능하다.

우리는 그동안 부동산과 관련된 많은 논의들이 논리적이고 창의적이었는지 생각해 보아야 한다. 필자는 논리적이고 창의적인 접근이야말로 고품격 논의라고 부르고 싶다. 지금부터 전하고자 하는 내용이 부동산을 둘러싼 품격 있는 논의의 단초가 되기를 기대한다.

부동산 정책은 중요한가?

많은 사람이 부동산 정책을 중요하게 생각하는 것 같다. 그래서인지 선거 때만 되면 입후보자들이 여러 가지 부동산 정책을 공약으로 채택한다. 과연 부동산 정책은 국가가 추진해야 할 여러 정책 중에서 중요한 정책에 속하는가? 우리는 이 점을 매우 냉정하게 판단해야 한다.

바쁜 일과 중요한 일이 있다고 가정해 보자. 어떤 일을 먼저 해야 할까? 바쁜 일을 먼저 하는 사람이 있는가 하면 중요한 일을 먼저 하는 사람이 있다. 일반적으로 대부분의 사람은 바쁜 일을 먼저 하고 리더는 중요한 일을 먼저 한다고 한다. 어떤 일을 먼저 하든 그것은 개인의 가치관과 취향의 차이일 수 있다.

그렇다면 국가는 바쁜 일과 중요한 일 중에 어떤 일을 먼저 해야 하는가? 이 질문에 대한 대답은 개인의 경우와 달리 매우 복잡한 양상을 띤다. 질문을 더 구체화하기 위해 예를 들어 보겠다. 국가의 1년 예산이 100조 원이라고 가정해 보자. 그리고 국가가 사용해야 할 예산 항목은 다음과 같다.

> ① 국방비 ② 교육비 ③ 보건·의료비 ④ 미래를 위한 첨단산업 연구비 ⑤ 주택개발비

자, 이제부터 100조 원이라는 예산을 배분하자. 당신이 대통령이라면 100조 원을 어떻게 배분하겠는가? 가장 먼저 할 일은 우선순위를 정하는 것이다. 만약 대통령인 당신이 주택개발비를 첫 번째 순위로 생각한다면 왜 그런 판단을 내렸는지 솔직히 말해 보자. 주택개발이 우리나라의 정책 중에서 가장 중요하다고 생각했는가? 아니면 가장 시급한 문제라고 생각했는가? 그것도 아니면 중요하면서도 시급한 일이라고 생각했는가?

개인에게 있어서 주택 문제는 가장 시급하고도 중요한 문제일 수 있다. 하지만 국민소득 2만 달러, 주택보급율 110%(이 부분은 나중에 다시 언급하겠다), 세계 11위의 무역대국인 대한민국에서 주택 문제가 국가적으로 가장 중요하거나 시급한 문제일 수 있을까? 아마 많은 사

람이 이에 동의하지 않을 것이다.

조금 더 과격하게 표현하면 21세기 초 대한민국의 여러 현안 중에서 주택 문제는 중요하지도 시급하지도 않다. 이 표현에 동의하지 못하는 사람들도 있을 것이다. 그런 사람들을 위해 주택 문제가 우리나라에서 가장 중요하거나 시급한 문제라고 가정해 보자.

자, 그렇다면 가장 중요하고 시급한 문제인 주택 문제를 해결하기 위해 대통령인 당신이 해야 할 일을 무엇인가? 위의 예산 항목 중에 주택개발비에 가장 많은 예산을 배정할 것인가? 그렇다면 상대적으로 다른 항목들의 예산은 줄어들 수밖에 없다. 당신이 사용할 수 있는 예산은 100조 원으로 한정되어 있기 때문이다. 주택개발비에 많은 예산을 배정한 상태에서 갑작스럽게 국방비를 많이 지출해야 할 긴박한 상황이 벌어지면 어떻게 할 것인가? 좀 더 구체적으로 예를 들어 해외에서 한국인을 납치한 테러리스트들을 소탕하기 위해 여러 사단에 해당하는 병력을 파견해야 한다면 어떻게 할 것인가? 당신은 대통령으로서 국회에 특별예산을 편성해 줄 것을 요청해야 한다. 그리고 다음과 같이 말해야 한다.

"주택개발에 돈을 많이 썼습니다. 그런데 해외의 테러리스트들이 우리 국민을 납치해서 빨리 구해 와야 하는 상황입니다. 하지만 돈이 없습니다. 예산을 더 주십시오."

이와 같은 상황은 반드시 국방비에서만 생기는 것은 아니다. 갑자기 강력한 전염병이 전국을 강타해서 방역 예산이 더 필요해질 수도 있다. 그뿐만이 아니다. 서브프라임 모기지 부실로 1997년에 불어 닥친 신용경색과 같은 사태를 막기 위해 막대한 자금을 외환시장에 쏟아 부어야 할지도 모른다. 자! 아직도 많은 예산을 주택개발비로 책정하는 것이 현명한 판단이라고 생각하는가?

앞서 필자는 부동산 정책은 중요하거나 시급하다는 견해에 일시적으로 동의한다고 말했다. 하지만 그 일을 해결하는 데 반드시 국가 예산을 사용해야 한다는 데까지는 양보하고 싶지 않다.

여기서 다시 국가가 사용해야 할 예산 항목으로 예를 들었던 국방비, 교육비, 보건·의료비, 미래를 위한 첨단산업 연구비, 주택개발비를 검토해보자. 이들 항목 중에서 국가가 예산을 사용하지 않고도 해결할 수 있는 항목이 존재하지 않을까? 대통령으로서 당신도 자세히 들여다보기 바란다. 예산은 한정돼 있다. 굳이 국가가 예산을 사용하지 않아도 해결이 가능한 항목이 눈에 보일 것이다. 정답은 주택개발비다. 즉 주택개발은 민간에 맡겨도 된다는 것이다.

2007년 8월 전 세계적으로 주식시장이 공황 상태에 빠졌다. 우리나라 증시도 사상 최대의 폭락을 경험했다. 며칠 사이에 시가총액 72조가 사라지는 충격적인 일이 벌어진 것이다. 언론들은 이 사건을 소위 '서브프라임 모기지 사건'이라고 부른다.

사태의 근원지는 미국이다. 부시가 집권한 다음 해인 2002년 이후 미국의 서민들은 갑자기 집을 사들이기 시작했다. 왜 그랬을까? 부시 정권이 서민들의 주거 안정을 위해 연방 예산을 사용했기 때문인가? 아니다. 부시는 서민 주거 안정을 위해 예산을 사용하지 않았다.

하지만 미국 서민들은 엄청나게 많은 집을 샀다. 그들은 어디에서 돈이 나서 집을 샀는가? 전 세계의 투자가들이 자금을 투자했기 때문이다. 공식적인 통계로는 우리나라의 금융 기관도 약 5,200억 원 정도의 자금을 투자했다. 물론 이 자금의 대부분은 하늘로 날아갔다.

즉 미국 서민의 주거 안정을 위해서 한국인들이 수천억 원을 기부한 것이다(일부에서는 우리나라 사람이 가입한 많은 펀드가 서브프라임에 투자했기 때문에 피해액은 5,200억 원보다 훨씬 더 많을 것으로 추정하고 있다). 손해를 입은 우리나라를 비롯한 세계의 많은 투자자들이 아우성을 치고 있지만 미국 정부의 입장은 간단명료하다. 투자 결과에 대한 책임은 투자자의 몫이라는 것이다.

서브프라임 모기지 사건을 통해서 우리가 얻을 수 있는 교훈은 다

[표 1-1] 은행별 미국 부채담보부증권(CDO) 투자액

우리은행	4억 500만 달러
농 협	1억 1,000만 달러
외환은행	4,200만 달러
신한은행	560만 달러
산업은행	280만 달러

출처: 〈매일경제신문〉 2007년 7월 15일자

음과 같다. 첫째, 정부가 예산을 사용하지 않아도 집을 엄청나게 많이 지을 수 있다. 둘째, 집을 짓는 데 반드시 국내 자금만 동원할 필요는 없다. 셋째, 일이 잘못되면 그 책임은 투자자의 몫이다. 넷째, 그 과정이야 어찌됐든 지구상의 좀 산다하는 나라 사람들이 미국 국민을 위해 많은 주택을 기증했고, 이런 엄청난 규모의 주택 공급은 향후 오랫동안 미국의 주택 가격을 낮게 유지시킬 것이다. 낮은 주택 가격은 미국 시민들의 삶을 여유롭게 만들어줄 것이다.

국가가 모든 일을 다 할 수는 없다. 물론 인간의 삶에 있어서 의식주(衣食住)는 중요하다. 하지만 중요한 문제라고 해서 국가가 다 나서서 해결할 수는 없다. 국가의 자원은 한정돼 있기 때문이다. 현재 우리는 적어도 음식을 먹고 옷을 입는 일에 국가의 예산을 사용하지 않는다. 즉 쌀을 국가 예산으로 구입해서 국민에게 배식하거나 옷을 국가 예산으로 구매해서 국민에게 입히지 않는다는 말이다.

하지만 정치가에게 있어서 주택 문제는 중요하거나 시급하게 느껴질 수 있다. 왜냐하면 국민 각자에게 주택 문제는 중요하기 때문이다. 그리고 이런 국민 견해는 언론 등 여러 경로를 통해 확대 재생산된다. 그렇다면 국민이 생각하는 주택 문제란 무엇인가? 그 본질에 대하여 언급할 차례다.

국민이 생각하는
부동산 문제

2

서울 시내 지하철을 타면 부동산 컨설팅 업체에서 붙인 것으로 보이는 광고문을 흔히 볼 수 있다. "억장이 무너진 아파트 값, 도시 근로자 강남 75.9㎡ 장만에 무려 44년! 억장 무너진 시민들."

이 중에 '억장 무너진 시민들'이란 표현은 상당히 자극적이다. 우리나라에서 억장이 무너진 사람이 얼마나 될까? 이 광고 문구대로라면 적어도 강남에 아파트를 가지고 있는 사람은 억장이 무너지지는 않았을 것이다.

그렇다면 강남에 아파트가 없는 사람은 다 억장이 무너졌을까? 왜 강남에 살지 않으면 억장이 무너질까? 이유는 두 가지다. 첫째, 강남이 아닌 지역의 아파트 값 상승률이 강남 아파트에 비해 높지 않았기 때문이다. 둘째, 아직 집을 장만하지도 못한 사람들이 있는 반면, 강남 아파트 값은 기하급수적으로 상승하기 때문이다. 이 두 경우 모두 강남의 아파트 값이 수년간 급격하게 상승했기 때문으로 풀이될 수 있다.

억장이 무너진 수많은 사람(강남권 주민을 제외한 절대다수의 국민)을 위해서 무너진 억장을 다시 쌓아올려 주는 일이 정의로운 일이라면 (정의로운 일인지 아닌지는 나중에 따져보자) 두 가지 일 중에 한 가지를 택해야 한다. 강남의 아파트 값을 낮추거나 아니면 비강남 지역의 아파트 값을 강남 지역만큼 올리는 것이다.

어떤 일이 더 쉬울까? 물론 첫 번째 방법이 더 쉬운 것처럼 보인다 (실제로 우리는 이 방법을 수년째 채택했다). 또 이 글을 읽고 있는 독자들 중 강남의 아파트 값을 조정해서 내려야 한다고 주장하는 사람들은 자신의 주장이 정의롭다고 생각할지도 모른다. 왜냐하면 강남의 아파트 값 상승은 불로소득이고 정의로운 사회는 불노소득을 인정하지 않는 사회라는 인식 때문이다.

이 시점에서 다음의 문제를 풀어보자.

다음 중 가장 훌륭한 대통령은?

① 모든 국민이 열심히 땀 흘려 일하고 일한 만큼 보수를 받게 만드

정답은 무엇일까? 자신의 양심을 속이지 말고 대답하기 바란다. 필자는 ②번이 정답이라고 생각한다. 위의 질문과 필자의 답변에 동의하지 않는 사람들은 다음 질문에 답해 보기 바란다.

정답은 무엇일까? 필자는 이번 질문의 정답도 ②번이라고 생각한다. 시대에 따라 정의의 개념도 달라진다. 오늘날은 과거와는 달리 땀 흘려서 돈을 버는 사업은 대부분 수익성이 낮은 사업이다. 이런 사실이 정의롭든 정의롭지 않든 이미 세상은 땀 흘리는 사업의 수익성은 불로소득이거나 불로소득처럼 보이는 사업의 수익성에 비해 크게 낮아졌다.

그 이유는 '근로' 와 '투자' 의 차이다. 우리는 근로를 통해 얻은 수익을 정의롭다고 생각한다. 이에 반해 투자를 통한 수익을 근로 수익에 비해 덜 정의롭다고 여긴다. 그래서 정의롭지 못한 투자 수익을 투기라는 이름을 붙여 가혹하게 대해야 한다고 생각한다.

북한산 자락에서 10년을 같이 살던 동창이 있었다. 한 친구가 어느 날 강남으로 이사를 갔다. 수년 후 북한산 자락에서 계속 살고 있던 친구는 강남으로 이사 간 친구가 갑자기 부자가 된 것을 알았다. 그는 사회가 정의롭지 못하다고 생각했다. 그리고 강남으로 이사 간 친구의 갑작스러운 부를 국가가 회수해야 한다고 생각했다(물론 이 생각을 강남 친구에게 말하지는 않았지만). 10년 전 두 친구가 산 밑에서 함께 살 때 주택은 주거의 개념이었다. 하지만 한 친구가 강남으로 이사를 간 후에 주택은 주거의 개념에서 투자의 개념으로 바뀌었다. 갑자기 주택에 대한 개념이 바뀌어버린 것이다.

왜 그런가? 우리나라가 급격하게 세계화되었기 때문이다. 다음의 글은 2006년 11월 필자와 신태호 교수 등 4명이 공저한 《격변기 부동산 신투자전략》 중에서 '왜 강남인가'라는 제목으로 쓴 글의 일부다.

"어떤 지역의 부동산가격은 그 지역의 대외 개방도와 밀접한 관련이 있다는 사실이다. 여기서 '어떤 나라의 부동산가격'이라고 표현하지 않고 '어떤 지역'이라고 표현한 사실에 주목할 필요가 있다. 즉 세계무역기구(WTO) 질서 속에서 한 지역의 부동산가격 결정에 국제적인 요인이 작용한다는 것이며, 이렇게 형성된 가격은 그 나라 정부의 인위적인 가격조절정책이 효과를 발휘하기 어렵다는 것을 의미한다. 이것은 WTO 무역질서 속에서 이미 합의된 상품과 서비스에 대해 해당국가가 자의적으로 편의에 따라 규제를 가할 수 없는 것과 마찬가지다."

물론 부동산을 국제 거래의 상품으로 볼 수 있느냐 하는 점에 많은 사람은 의문을 표시할 것이다. 또 부동산을 상품으로 인정한다 하더라도 부동산의 속성상 해당 부동산을 배에 태워 수출 또는 수입할 수 없다는 데 더욱더 많은 사람이 동의할 것이다.

하지만 첫째, 부동산을 국제 거래의 상품으로 볼 수 있는가하는 점은 우리가 결정할 문제가 아니다. 우리는 이미 WTO에 가입했으며 어떤 아이템이 국제적인 상품인지 아닌지에 대한 문제는 이미 우리 손을 떠난 사항이다.

둘째, 부동산의 수입과 수출이 불가능하다는 견해는 매우 단견이다. 부동산은 수입과 수출이 가능한 상품이다. 이미 우리는 많은 토지를 중국 등에서 수입해서 쓰고 있다. 우리나라의 수도권을 빠져나간 공장들이 해외에서 국내에서보다 더 넓은 면적을 확보했다. 이것은 공장용지를 수입한 것과 동일한 효과를 갖는다. 왜냐하면 공장용지의 총량이 늘었기 때문이다.

우리는 수도권 규제법에 의해 수도권에 신규 공장을 짓기가 어렵다. 하지만 수도권이 아닌 지역에서의 공장 설립은 비교적 자유롭다. 그렇다면 이론적으로는 수도권을 떠난 우리나라의 공장은 비수도권 지역으로 이전해야 한다.

하지만 한 가지 잊고 있는 사실이 있다. WTO의 개념을 염두에 두어야 한다는 것이다. 즉 공장주에게는 비수도권이라는 선택만이 존재하는 것이 아니다. 보다 경쟁력 있는 또 높은 생산성을 선택하는 것은 기업인의 기본자세다. 부동산은 국가 간에 수입하거나 수출할 수 있는 상품이라는 개념에 눈을 뜬 사람들은 일본 사람들이다. 일본은 우리보다 먼저 공장의 해외 이전을 시행했다. 그리고 해외에서 사용하고 있는 공장 부지만큼 일본의 공장 부지가 남아돈다는 사실을 알게 됐다. 그리고 그것이 일본 내의 부동산 가격에 영향을 미친다는 것도 함께 인지하기 시작했다.

참여 정부의 부동산 정책 중 가장 큰 기조는 강남 지역의 아파트 값 안정이었다는 것을 부인하기 어려울 것이다. 여기서 정부의 강남 집값 잡기 정책이 과연 필요한 것인지 또 강남 집값 잡기에 성공했는지를 따져보고 싶지는 않다. 필자가 관심을 갖는 분야는 왜 많은 사람이 강남에 관심을 갖는가 하는 점이다.

일각에서는 "강남은 교육 등 생활 인프라가 우수하기 때문에 타 지역에 비해 아파트 가격이 높은 것은 당연하다"고 말하는가 하면 다른 한편에서는 "각국의 GDP(국민총생산)를 비교해 볼 때 서울 강남의 아파트 가격은 뉴욕과 동경의 주택 가격에 비해 턱없이 높게 평가 돼 있다"고 말하면서 강남 아파트 가격의 거품론을 주장하고 있다.

우선 필자는 강남의 아파트 가격을 각국의 GDP 수준과 비교하는 것은 잘못된 비교라고 말하고 싶다. 금 1kg은 뉴욕, 동경, 서울에서 거의 동등한 가치를 갖고 있다. 즉 금의 가치는 금이 소재해 있는 나라의 GDP와는 상관이 없다는 것이다. 마찬가지로 주택의 가격도 그

주택이 소재해 있는 나라의 GDP의 영향을 받는 것이 아니라 주택이 갖고 있는 절대적인 가치에 의해 형성된다고 볼 수 있다.

이런 현상은 그 나라 경제의 개방도(開放度)에 따라 그 강도가 심해진다. 정리해서 말하자면, 강남의 아파트 가격은 자유로운 국제간의 거래를 원칙으로 하는 WTO 체제 속에서 이해돼야 한다는 것이다.

두 가지 예를 들어 본다.

첫째, 돈을 지금보다 훨씬 더 많이 벌고 싶은 중국의 세탁소 주인이 있었다. 그는 항상 자신의 세탁 기술이 탁월하다고 생각하고 있다. 그래서 중국보다 국민소득이 더 높은 다른 나라에 가서 세탁소를 차리기로 마음먹었다. 미국은 너무 멀어 일본의 동경이나 한국의 서울로 가기로 했다.

여기서 이 책을 읽고 계신 독자 여러분이 자신이 중국의 세탁소 주인이라고 가정하고 현명한 결정을 내려보기 바란다. 판단을 잘못하면 당신은 망할 수도 있다. 만약 동경을 택했다면 당신은 잘못된 선택을 한 것이다. 세탁소 영업은 절대적으로 서울에서 해야 한다. 동경에는 우리 서울의 강남처럼 대규모의 아파트촌이 형성된 곳이 없다.

둘째, 하나로 통신은 우리나라에서는 처음으로 미국의 나스닥 시장에 진출했다. 그것도 국제통화기금(IMF) 환란 직후로 우리나라의 신용이 크게 하락돼 있을 때 미국의 증권 시장에 진입한 것이다. 어떻게 그런 일이 가능했을까? 무엇이 미국의 투자자들을 설득시킨 가장 큰 요인이었을까? 놀랍게도 미국의 투자심사관들의 마음을 움직인 것은 강남의 아파트 단지였다. 그들은 강남의 아파트 단지가 전 세계에서도 찾아 볼 수 없는 최고의 IT환경을 갖고 있다고 판단했다.

한국은 IMF 체제를 거치면서 모든 것이 국제적인 기준을 따르게 됐다. 이제 한국은 우리 자신이 모르는 사이에 외국 자본의 자유로운 진출입이 가능한 국제 규격을 갖춘 비즈니스의 무대로 바뀌어 있다. 지금 강남에는 세계적인 브랜드들이 강남 아파트 단지를 상대로 돈을 벌기 위해 들어와 있다. 물론 국내의 서비스 사업자들도 강남 지역에 몰려들었다. 때문에 강남 지역은 아주 질 좋은 서비스를 낮은 가격에 즐길 수 있는 매력적인 장소로 변모해 있다.

처음에 밝혔듯이 정부의 강남 아파트 값 잡기 정책이 과연 올바른 것인가? 정부가 강남 아파트 값 잡기에 성공했는가를 논하는 것이 필자의 목적은 아니다. 정부의 정책이 올바른 것일 수도 있고 잘못된 것 일수도 있다.

그 결과는 수년 후에나 밝혀질 것이다. 수년 후에 당시의 정부 정책이 잘못된 것으로 밝혀지면 그 시점의 정부는 정책을 수정할 것이다. 하지만 과거 정부의 정책이 올바른 것으로 믿고 그 정책에 따라 행동했던 개인의 손해는 보상받지 못한다. 개인의 결정은 책임을 수반하며 이 책임에 따른 손해와 이익은 전적으로 개인에게 귀속된다.

주택에 투자하려는 사람은 주택의 가격에 영향을 미치는 다양한 요소를 고려해야 한다. 실제로 세심한 투자자들은 이런 요소들을 고려하기 위해 다양한 정보를 수집한다. 투자 대상 부동산이 소재해 있는 정부의 정책도 반드시 고려해야 할 사항이다. 하지만 더 중요한 것은 이제 주택 시장도 WTO의 룰을 따르고 있다는 것이다. 우리는 IMF 관리 체제를 겪으면서 우리도 모르는 사이에 엄청난 변화 속에서 살게 됐다.

여기서 국내의 주택투자자들에게 한 가지 조언해줄 사항이 있다. 당신에게 수억 원의 돈이 있다고 가정하자. 이제 그 돈으로 집을 사려고 한다. 강남의 아파트를 살 수 있고, 판교 아파트를 청약할 수도 있다. 물론 강북의 뉴타운 지역에 투자할 수도 있다.

당신의 선택은 이처럼 다양해 보인다. 하지만 당신은 중요한 사항을 검토하지 않고 있다. 동경, 북경, 상해를 검토 대상에서 제외했다면 실패의 가능성이 높아진다. 실제로 동경과 북경, 상해에 가서 집을 사라는 말은 아니다. 그러나 강남, 강북, 판교라는 선택지에 동경, 북경, 상해를 같이 놓고 고민을 하면 당신의 판단은 달라질 수 있다. 즉 부동산을 보는 눈이 달라진다는 것이다. 왜냐하면 우리나라의 경제는 주변국인 중국, 일본과 밀접한 관계를 갖고 있기 때문이다.

만약 일본 정부가 특정한 목적으로 동경의 어느 지역에 규제를 강화한다고 가정해 보자. 그리고 당신은 그 규제의 내용을 믿고 투자 결정을 내렸다고 하자. 그런데 수년 후에 그 규제가 잘못된 것으로 밝혀진다면 당신이 투자한 수억 원의 수익률에 심각한 영향을 미칠 수 있다. 따라서 어떤 나라의 정부가 부동산과 관련된 규제를 강화할 때 그 규제가 국제적인 룰을 따르고 있는지 살펴보아야 한다.

즉 그 지역 주민의 의사와는 상관없이 서울, 동경, 북경, 상해의 부동산 가격은 끊임없이 상호 영향을 주고 있다. 국제적인 자본과 서비스는 규제 때문에 벌어지는 도시간의 불균형을 헤집고 들어가기 때문이다. 이런 부분은 어떤 나라의 정부도 손을 쓸 수 없다. 이런 일에 개입하려면 그 나라 정부는 자유무역을 포기하는 엄청난 결정을 내려야 하기 때문이다.

우리나라가 IMF 관리 체제를 벗어나지 못하고 있을 때 한 신문에 보도된 내용을 잠시만 소개한다. 서울의 어떤 미술대학교 교수가 졸업을 앞둔 제자들의 취직을 위해 자신이 유학을 했던 이탈리아 대학의 은사에게 편지를 썼다.

"아주 유능한 학생 5명 있습니다. 그런데 한국에서는 일자리가 없습니다. 이 학생들이 만든 작품집을 보내드릴 테니까 보시고 마음에 드시면 이탈리아 기업에 취직을 좀 시켜주십시오. 정말 재능이 뛰어난 학생들입니다. 잘 부탁드립니다."

이들 학생 5명은 모두 이탈리아에 취직했다. 물론 필자는 그 뒤 그 학생들이 이탈리아에서 어떻게 생활하고 있는지 알지 못한다. 하지만 이 짤막한 신문기사는 많은 것을 의미하고 있다.

필자는 앞에서 서울 강남의 급격한 아파트 값 상승이 우리나라의 대외 개방과 밀접한 관련이 있다고 말했다. 이와 같은 대외 개방은 앞으로 우리나라의 젊은이들에게 엄청난 충격을 줄 것이다. 지금까지 안정적이고 좋은 직업이라고 여겼던 일자리가 어느 날 갑자기 아주 매력 없는 일자리로 전락할 가능성이 높다. 이때 젊은이들이 받을 충격은 어른들이 강남 아파트 값 상승에서 받은 충격보다 훨씬 클 수 있다.

요즘 대학 교수들은 제자들의 취직에 많은 관심을 갖고 있다. 일부 사립대학은 재단에서 교수들을 평가할 때 졸업생에 대한 취업지도를 크게 반영하고 있다. 이런 점에서 볼 때 신문에서 소개된 미술대학 교수는 아주 좋은 교수다. 또 이 교수의 행동은 앞으로 많은 대학의 교수들이 어떻게 해동해야 하는지를 잘 보여주고 있다. 즉 학생들을 글로벌 인재로 키워야 한다는 것이다. 한국에서만 통용되는 인재는 이제 더 이상 훌륭한 인재가 될 수 없다.

어느 대학 정문 앞에서 길가는 행인에게 전단지를 나누어주는 한 쌍의 젊은 남녀학생을 발견했다. 그들이 나누어주는 전단지의 내용은 다음과 같았다. "부자에게는 세금을, 빈자에게는 복지를!" 필자는 이 전단지의 내용에 반대하고 싶은 생각이 없다. 하지만 학생들에게 꼭 해주고 싶은 말이 있다. 부자에게 세금을 걷어서 빈자에게 나누어주는 일은 기성세대가 해야 할 일이다. 지금 이 황금 같은 시간에 젊은 학생들이 해야 할 일은 국제무대에 나가서 경쟁할 수 있는 실력을 쌓는 것이다.

　2007년 봄부터 대학가에는 자유무역협정(FTA)에 관한 대자보와 현수막이 어지럽게 널려 있다. 필자는 학생들이 자신의 의사를 표시하는 것을 말리고 싶은 생각이 조금도 없다. 하지만 현명한 학생은 FTA를 반대하는 대자보를 학교 도서관 앞에다 붙이고 그냥 돌아 나와서는 안 된다. 대자보를 붙이자마자 도서관으로 들어가서 공부를 해야 한다. 학생들의 의지와는 상관없이 FTA는 세계적인 추세다. FTA는 외국인이 한국 내에서의 일자리를 빼앗을 수 있다. 하지만 반대로 젊은 우리 학생들이 외국에 나가서 직업을 구할 수 있다는 것도 의미한다.

　기성세대 중 많은 수의 사람이 강남 아파트 가격의 급격한 상승을 정서적으로 받아들이기 힘들어한다. 필자는 우리나라가 갑자기 글로벌화 되었기 때문이라고 소견을 피력했다. 물론 필자의 주장에 동의하지 않는 기성세대도 많을 것이다. 하지만 젊은이들은 현실을 냉정하게 볼 필요가 있다. 즉 앞으로 어떤 종류의 직업이 서울의 강남처럼 갑자기 떠오르는 유망한 직업인지를 생각해 보아야 하는 것이다.

　그런데 그 직업은 세계화된 시각으로 찾아야 한다. 우리 사회에는 많은 갈등이 존재한다. 이러한 갈등은 급격한 세계화 때문에 빚어지는 경우가 적지 않다. 그런데 세계화의 속도는 점점 빨라지고 있다. 앨빈 토플러는 자신의 최근 저서 〈부의 미래〉에서 말하고 있다 "아시아는 시간에 쫓기고 있다." 젊은이들에게 필자는 말하고 싶다. 여러분은 시간에 쫓기고 있다.

여기서 다시 '강남 아파트 가격이 올라서 억장이 무너진 사람들'이라고 표현한 지하철 광고에 대한 이야기로 돌아가 보자. 이 표현은 강남권의 아파트 값 폭등이 세계화의 결과든 아니든 상관없이 비강남권 시민들에게는 대단히 호소력이 있는 문구임에는 틀림없다. 때문에 많은 정치인이 이와 유사한 표현을 사용한다. 그들이 자주 사용하는 표현 중에는 다음과 같은 문구가 있다. "서민의 눈물을 닦아주는 대통령(또는 국회의원)이 되겠다."

우리나라 부동산 문제에 있어서 서민의 눈물을 닦아주려면 어떻게 해야 하는가? 혹자는 임대주택을 많이 지으면 된다고 한다. 또 반값 아파트와 영구 전세 아파트를 만들어 공급하면 된다고 한다. 그래서 우리는 최근 많은 임대주택을 만들고 있으며, 반값 아파트와 영구 전세 아파트를 공급하기 위해 노력하고 있다.

자! 우리나라의 모든 서민들을 임대 아파트, 반값 아파트, 영구 전세 아파트에 살게 해주면 그들이 눈물 흘리거나 억장이 무너지는 일이 사라질까? 필자의 견해는 반대다. 임대 아파트, 반값 아파트, 영구 전세 아파트에 사는 사람이 늘어날수록 눈물을 흘리거나 억장이 무너지는 사람이 많아질 것이다.

국민이 생각하는 주거 안정과 정치인들이 말하는 주거 안정에는 차이가 있다. 정치인들은 국민 모두가 저렴한 가격으로 아파트를 구입하여 살거나 임대해서 살면 된다고 생각한다. 한때 우리나라 정부는 국민에게 쌀을 직접 나누어 주었다. 사람들은 이것을 정부미라고 불렀다. 당시 정부미는 맛없는 쌀의 대명사였다.

이제 정부는 정부미 대신에 정부아파트를 공급하려 하고 있다. 일부 사람들이 주택 정책으로 성공한 나라로 싱가포르를 꼽고 있다. 물론 싱가포르는 주택 정책에 성공한 나라다. 싱가포르에는 정부가 공급한 아파트와 민간이 공급한 아파트가 있다. 싱가포르 서민들의 꿈은 정부 아파트가 아닌 민간 아파트로 이사를 가는 것이다.

2003년 이후 아시아에서 가장 주택 가격이 많이 상승한 나라 중 하나가 싱가포르다. 그런데 이렇게 가격이 많이 오른 아파트는 정부 아파트가 아니라 민간 아파트라는 사실을 알아야 한다. 2006년 말 성공적인 싱가포르의 주택 정책을 취재하려는 우리나라 기자에게 싱가포르 국립대 교수는 다음과 같이 말했다. "싱가포르 주부들은 민간 아파트에서 살고 있는 한국의 주부들을 부러워합니다. 그런데 왜 한국 기자들은 싱가포르의 정부 아파트를 부러워하나요?"

2007년 여름 주요 도시의 역세권에 장기 전세 아파트를 공급하는 행사에서 한 시장이 축사를 하는 장면을 TV로 보았다. 그 시장의 축사로 미루어 보아 그 시장은 서민들이 매우 좋은 위치에서 저렴한 가격에 장기 전세 혜택을 누리는 것이 훌륭한 정책이라고 생각한 것 같다.

물론 훌륭한 정책임에는 틀림이 없다. 그런데 한 가지, 만약 장기 전세 아파트의 전세보증금이 시장 가격이 아니라면 누군가가 시장 가격과의 차액을 부담한다는 것이다. 그 차액을 부담하는 사람이 시장 자신은 아닐 것이다. 아마도 시민들이 세금이라는 이름으로 부담했을 가능성이 높다. 더욱 더 높은 가능성은 해당 부지의 원래 소유자였던 지주나 아파트 분양자들의 이익 중 일부일 것이다.

왜냐하면 이 세상에 공짜는 없기 때문이다. 장기 전세 아파트의 또한 가지 문제는 모든 시민을 역세권의 훌륭한 요지에 장기로 살게 해줄 수 없다는 것이다. 이는 물리적으로는 불가능하다. 따라서 서민 중에서도 누군가는 차별을 받아야 한다.

그런데 그 차별에 의해 상대적으로 이익을 받는 사람이 반드시 가장 경제적인 약자라고만 볼 수 없다. 즉 소득 수준으로 전 시민을 일

[표 2-1] 전국 미분양 아파트추이

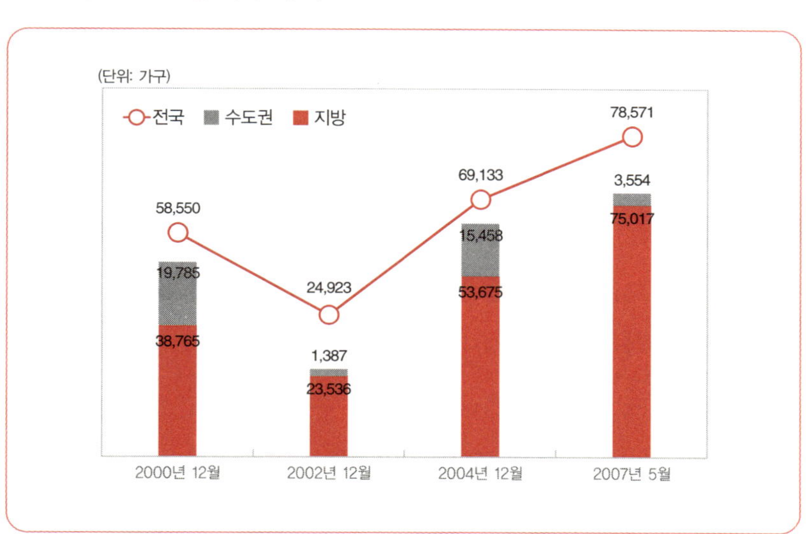

출처: 건설교통부

렬로 배열하여 가장 가난한 사람부터 장기 전세 아파트를 공급하기란 기술적으로 불가능하기 때문이다. 이런 문제가 심화되면 머지않아 분배에서 소외된 사람들을 위해 특별 장기 전세 아파트가 공급돼야 한다. 우리나라에 특별법이 많은 이유가 바로 여기에 있다.

어찌됐든 정치인들에게 정부 아파트는 매력적으로 보인다. 하지만 대부분의 국민은 이런 아파트를 원하지 않는다. 국민이 원하는 아파트는 자산으로서 가치가 있는 아파트다. 실제로 참여정부 출범 이후 급격하게 늘어난 국민 임대 아파트는 공실이 늘어나고 있으며, 수도권에는 미분양 민간 아파트들이 늘어나고 있다. 이것은 어떤 형태로든 주택의 공급이 늘어나기만 하면 주택 문제가 해결될 것이라는 가설은 사실이 아니라는 것을 증명하고 있다.

다시 한번 정리하면, 억장이 무너지는 국민이 원하는 아파트는 자산으로서의 가치가 있는 아파트라는 사실이다. 즉 비바람을 피하는 거처의 수준을 넘어 그럴 듯한 자산(포트폴리오)으로서의 대상으로 자산 가치를 갖은 자산재를 원하고 있는 것이다.

물론 많은 사람은 집을 거주의 수단이 아닌 치부의 수단으로 여겨서는 안 된다고 말한다. 또 집을 치부의 수단화하여 남에게 피해(상대적인 박탈감이라는 심리적 피해)를 주는 행위를 투기라고 정의하고 이를 증오한다. 하지만 그들도 만약 자신에게 그럴 듯한 포트폴리오의 취득 기회가 우연히(자신의 집 부근에 도로가 건설된다든가 하는) 주어지면 이를 마다하지 않을 것이라는 데는 의심의 여지가 없다.

2000년대 중반부터 펀드 투자가 유행처럼 번져나가고 있다. 해외 펀드 가입자도 상당히 된다. 그런데 해외 펀드 중에는 중국, 베트남 등 우리나라보다 주거 환경이 열악한 지역에 투자하여 투자수익을 얻는 펀드가 많다. 수익성이 높기 때문이다.

정말로 집을 치부의 수단으로 삼아서는 안 된다고 생각하는 사람은 이런 해외 펀드에 가입해서는 안 된다. 혹시 펀드를 통해 이미 배당을 받은 사람은 배당금을 돌려주는 것이 본인의 양심에 비추어 정의로운 일이 될 것이다.

자신이 가입한 해외 펀드는 정말로 순수한 마음으로 우리나라보다 주거 환경이 열악한 나라의 집이 없는 서민을 위해 집을 지어주고 약간의 이익만을 취하는 것으로 알고 있다면 커다란 착각이다. 당신이 가입한 해외 펀드는 우리나라에서 수조 원의 돈을 벌고도 세금 한 푼 내지 않으려는 론스타와 거의 같은 방법으로 돈을 벌고 있다고 생각하면 된다.

의식주는 인간 삶에 있어서 중요하다. 그런데 많은 사람이 먹을거리와 입을 거리를 치부의 수단으로 삼아 돈을 벌고 있다. 주택 역시 마찬가지다. 국제적인 신용경색의 원인을 제공한 미국의 서브프라임과 방금 말한 해외 펀드 모두가 집을 치부의 수단으로, 그것도 국제적인 돈벌이의 수단으로 여기고 있다는 것을 증명하고 있다.

역설적으로 들리겠지만 단시일 내에 많은 주택을 짓는 방법은 국제적인 펀드들이 우리나라의 주택사업에 적극적으로 뛰어들게 하는 것이다. 외국은 그렇게 한다.

2003년 이후 거론되고 있는 우리나라 부동산 문제의 기본은 아파트가 급격하게 자산재로 부상하면서 생긴 것이다. 즉 부동산 문제를 거론하고 있는 많은 사람을 만족시킬 수 있는 유일한 답은 그들을 부자로 만들어주는 일이다. 그들은 부자가 되기를 원하고 있다.

그들이 진정으로 원하는 것은 임대 아파트, 반값 아파트, 영구 전세 아파트가 아니다. 정치가들은 그들을 모두 부자로 만들어줄 수 없기 때문에 임대 아파트, 반값 아파트, 영구 전세 아파트를 대신 공급하려는 것이다. 그리고 또 하나. 그들은 눈물을 닦아주는 정치인을 원하는 것이 아니라, 애초부터 눈물을 흘리지 않도록 해줄 정치가를 원하고 있다.

유일한 해결책은 그들을 부자로 만들어주는 것이다. 그러면 왜 그들은 부자가 되기를 희망하는 것일까? 대답은 간단한다. 이번 기회에 부자가 되지 못하면 가난뱅이로 전락해 버릴 수 있다는 것을 직감적으로 느끼기 때문이다.

정말로 이번 기회에 부자가 못되면 가난해지는가? 유감스럽게도 답은 '그렇다' 이다. 다음의 세 가지 이유 때문이다. 첫째 풍부해진 돈, 둘째 인구구조, 셋째 세계화 때문이다.

사람들은 왜 부자가 되기를 원하는가?

3

세상에는 돈이 많다. 돈이 많으니까 부동자금이 많이 돌아다닌다. 우리나라의 가계자금은 680조 원이고 연기금의 총합은 약 570조 원이나 된다. 우리나라의 유동자금을 포함해 지구상의 유동성 현금은 352조 달러다. 이중 고수익을 노리고 전 세계를 떠돌아다니는 자금은 100조 달러나 된다. 또 각국의 외환보유고도 많아졌다.

다음의 [표 3-1]은 세계 각국이 보유하고 있는 달러를 보여주고 있다. 우리나라는 2, 300억 달러를 가지고 있다. 흥미로운 점은 러시아도 석유가의 상승으로 3,000억 달러나 되는 엄청난 외화를 보유하고

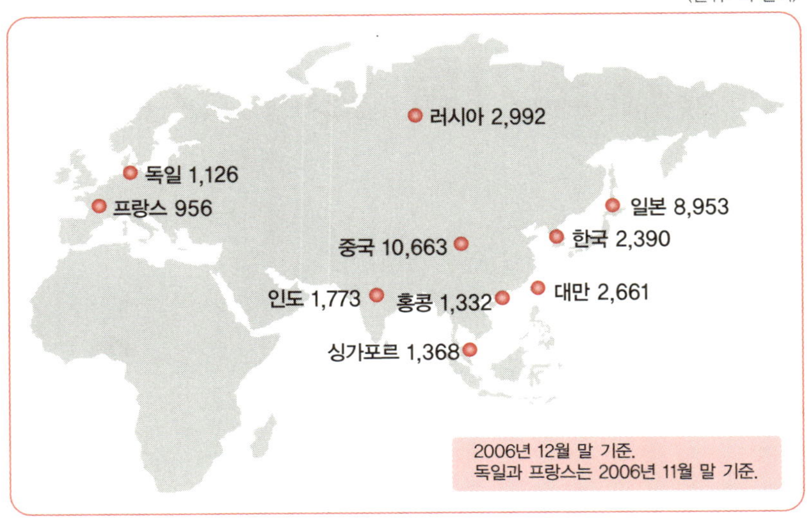

출처: 한국은행

있다는 것이다.

이 많은 달러는 어디서 만들어진 것인가? 물론 달러는 미국에서 찍어낸 화폐다. 미국은 세계 각국으로부터 필요한 물건을 산다. 중동에서 기름을 사오고, 한국에서 반도체, 일본에서 자동차, 중국으로부터 의류 등을 산다. 그리고 수입 대금을 자국의 화폐인 달러로 지급한다. 따라서 미국으로 수출을 많이 한 나라에는 달러가 쌓이게 된다.

달러가 쌓이면 어떻게 될까? 아이러니하게도 달러를 국내에 쌓아두기만 하면 그 나라는 망한다. 인플레이션이 발생하기 때문이다. 그래서 수출 초과국은 항상 남아도는 달러 처리에 고민을 하게 된다.

38

1990년대 말 동남아의 외환위기는 사실상 남아도는 달러를 잘 처리하지 못해서 생긴 것이다.

달러가 부족해서 IMF에서 많은 달러를 빌린 경험을 한 우리나라 사람들은 1990년대 말 외환위기가 사실상 아시아의 과도한 달러 처리 과정에서 생긴 일이라는 것에 쉽게 동의하지 못할 것이다. 하지만 1990년대 말 외환위기의 시작은 넘쳐나는 달러 때문에 생긴 것이다.

[표 3-2]는 일본의 국제수지를 표시한다. 표에서 중요한 선은 가운데 X표시가 된 선이다. 이선은 수출을 해서 남은 자금을 외국으로 내보내지 못해서 생긴 종합수지를 표시해 준다.

[표 3-2] 일본의 국제수지 구분(1977~1999년)

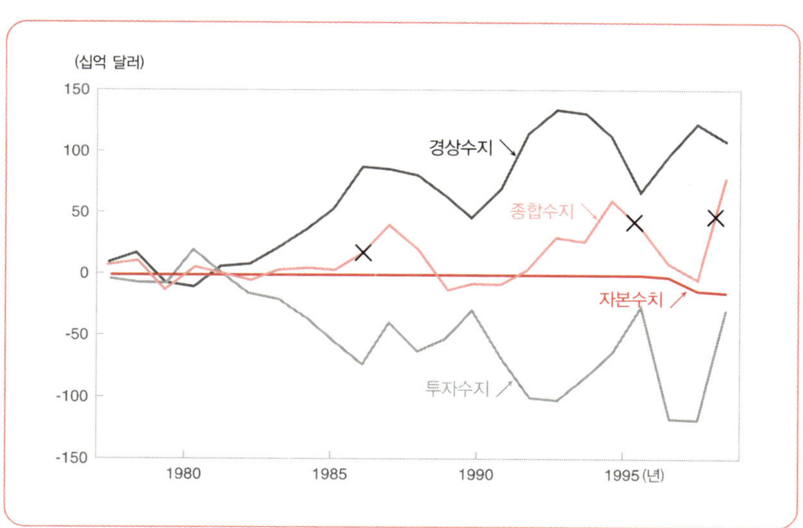

주: 일본의 투자수지가 (−)를 보이는 이유는 해외에 많은 투자를 하기 때문이다.
출처: 국제통화기금, 국제금융통계

일본은 1986년에서 1988년 사이에 상당히 높은 종합수지를 기록했다. 일본은 남아도는 달러를 급히 태국으로 보냈다. [표 3-3]은 일본의 자금이 많이 유입된 태국의 주가가 1988년부터 뛰기 시작한 것을 보여준다.

주가의 상승을 보고 전 세계적으로 내로라하는 투자 회사들이 불을 보고 달려드는 날벌레처럼 태국 주식시장으로 몰려들었다. 태국 은행들은 풍부한 달러를 배경으로 많은 대출을 실시했고 과다한 대출은 디플레이션을 만들었다. 은행에서 대출을 받아 투자한 태국의 기업들은 많은 상품을 만들어냈지만 이 상품을 사줄 소비자가 없었

[표 3-3] 태국 주가지수(1988~2001년)

출처: 블룸버그(Bloomberg)

다. 즉 수요보다 공급이 많았던 것이다. 더구나 중국은 풍부한 노동력을 바탕으로 태국보다 훨씬 저렴한 가격으로 상품을 만들어냈기 때문에 태국 상품은 수출의 기회마저 잃었다. 결국 태국의 거품은 [표 3-3]에서 보듯이 1997년에 꺼지고 말았다.

이와 같은 상황은 인도네시아와 말레이시아에서도 순차적으로 연출됐다. 당시 우리나라는 동남아에 많은 투자를 하고 있었다. 우리가 빌려온 외화와 우리가 외국에 투자한 금액을 비교하면 비슷한 액수였다. 문제는 우리가 빌려온 돈이 단기자금이었다는 데 있다. 이에 덧붙여 외국의 투자 회사들이 태국, 인도네시아, 말레이시아 등이 곧 디폴트(default)에 빠질 것을 예견하고 한국을 끌어들여서 자신들의 투자를 한국이 대신 이어받도록 하도록 하고 빠져나갔다는 주장도 있다. 즉 '폭탄 돌리기'의 끝 주자로 한국을 선택했다는 것이다. 얼마든지 있을 수 있는 시나리오라고 생각한다.

많은 희생을 치루고 2000년대 초 우리나라를 비롯한 동남아의 외화위기가 어느 정도 안정되었다. 특히 우리나라 경제는 빠른 속도로 회복됐다. 여기서 우리는 매우 색다른 주장에 귀를 기울일 필요가 있다. 2000년대 초 미국을 비롯한 세계 경제의 회복은 테러리스트 빈 라덴 덕분이라는 설이다.

2001년 9월 11일 빈 라덴은 미국의 심장부 뉴욕의 무역센터를 비행기로 폭파시켰다. 전 세계는 경악했으며 미국은 공황상태에 빠졌다. 미국 경제는 1920년대와 같은 대공황에 빠져들 것처럼 보였다. 부시 대통령은 결단을 내렸다. 사상 유래 없는 경기부양책을 쓰기로 한 것이다. 연방금리를 대폭적으로 낮추고 세금을 인하했다. [표 3-4]는 미국의 주가지수를 표시한 것이다.

무역센터 폭파가 있은 지 얼마 안 된 2002년부터 주가가 급등했음을 알 수 있다. 이렇게 해서 달러는 많이 풀렸으며 각국은 수출로 벌어들인 달러를 바탕으로 해서 신용을 창출했다. 한국을 비롯한 동남아국가들은 활황인 미국 경제에 힘입어 미국으로 수출을 많이 했다. 외화를 자국에 쌓아두는 것이 얼마나 위험한 일인지를 경험한 국가들이 앞 다투어 미국에 투자했다. 즉 미국은 달러를 지불하고 필요한

[표 3-4] 2000년 이후 미국의 주가변동

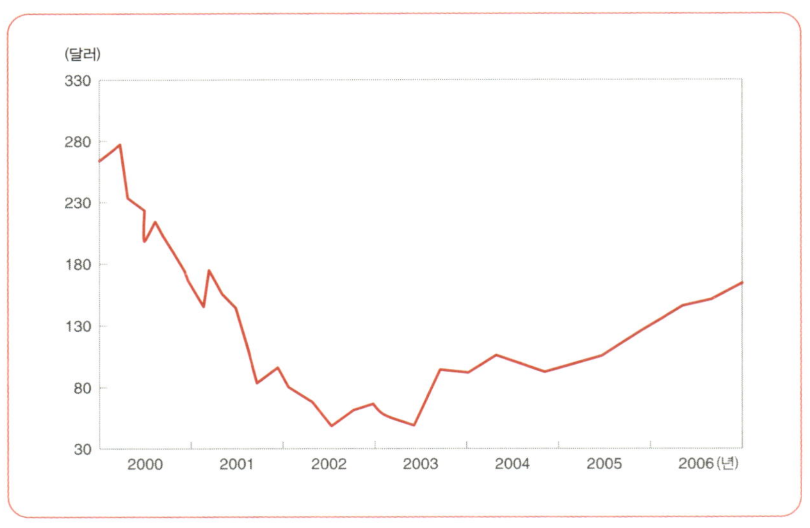

출처: 일본은행

상품을 수입한다. 그러면 미국 내에 달러가 부족하게 된다.

하지만 걱정할 것 없다. 미국에 수출을 했던 나라들이 다시 미국에 투자하거나 빌려주기 때문이다. 수출국들이 수출 대금으로 미국 정부가 발행한 국채를 사면 채권이 되지만 미국 회사에 투자하면 이것은 투자금이다. 안정적인 수익을 원하면 미국 국채를 사고 높은 수익률을 원하면 미국 회사에 투자하는 것이다. 이제 각국의 채무자 또는 투자자들은 점점 의문을 갖게 됐다. 미국 정부는 언제까지 채권을 발행할 수 있을까?

이 문제를 좀 더 살펴보자. 미국은 언제까지 국채를 안정적으로 유지할 수 있을까? 만약 외국이 미국 국채를 사지 않으면 미국의 장기 금리는 올라간다. 장기 금리가 올라가면 미국 내의 많은 기업들이 도산하게 된다. 이것은 미국이 경제적으로 어려워지는 것을 의미한다.

미국 재무부의 최고 목표는 장기 금리를 안정적으로 유지하는 일이다. 그래서 외국 정부가 미국 국채를 많이 사주도록 유도한다.

[표 3-5]는 미국의 장기 금리 안정에 도움을 주는 나라, 즉 미국의 채권을 많이 사주는 나라가 어떤 나라인지를 보여준다. 표를 살펴보면 단연 일본이 일등공신이다. 최근 미국과 일본은 매우 가까운 사이가 됐다. 미국은 중국에 위안화의 절상을 끊임없이 요구하고 있다. 하지만 일본의 엔 저는 용인하고 있다. 그 이유는 일본의 엔 저는 미국에 도움이 되기 때문이다.

[표 3-5] 미국의 장기금리에 영향을 주는 요인분석

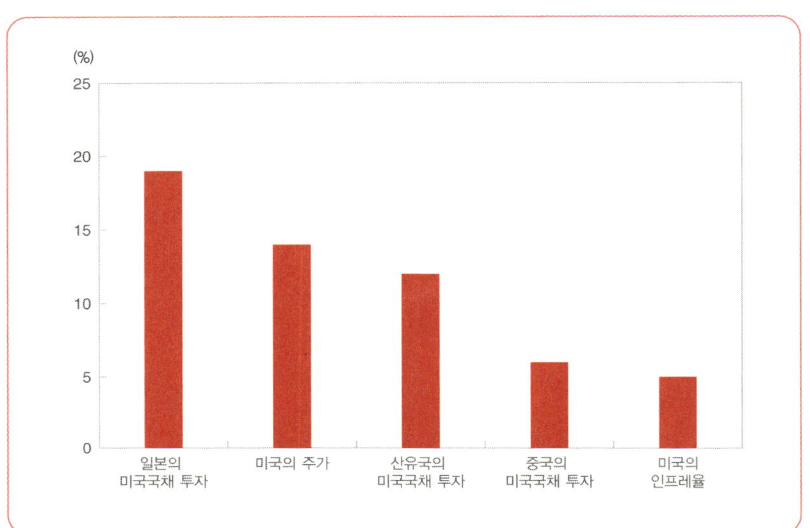

출처: Datastream

일본은 낮은 엔을 바탕으로 수출을 많이 할 수 있다. 일본은 수출을 통해 벌어들인 달러로 다시 미국의 국채를 매입한다. 유럽 등 여러 나라에서 일본 정부에 엔화를 절상하라고 압력을 가하지만 이는 미국과 일본의 관계를 잘 모르고 하는 소리다. 일본의 엔은 계속해서 낮은 가치를 유지할 것이다.

일본 엔화의 가치상승은 미국의 경제를 위험에 빠트릴 수 있다. 세계의 투자자들은 이런 불안한 구조에 대해 서서히 의문을 갖게 됐다. 즉 리스크에 대비해 포트폴리오를 구성해야 할 필요를 느낀 것이다. 특별한 이유 없이 우리나라 주식 가격이 오르고 내리는 배경에는 이

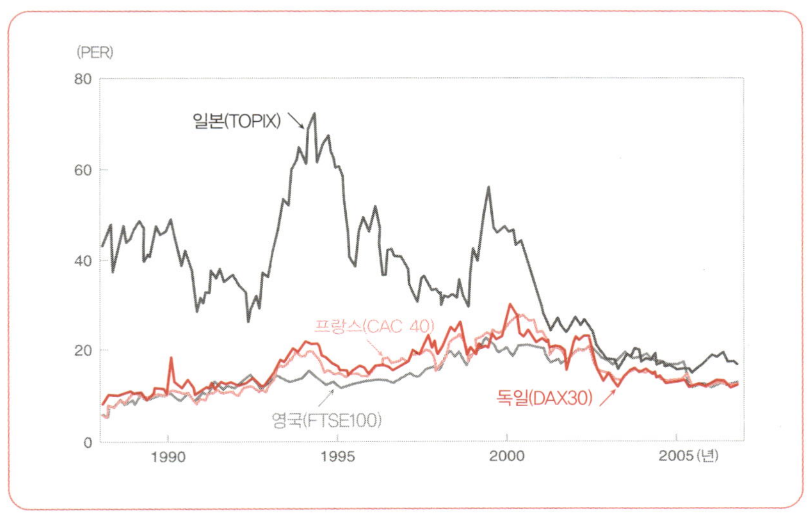

출처: Datastream

들이 포트폴리오를 짤 때 한국 주식의 비중을 얼마나 늘리고 줄이는 가에 있다. 때문에 전 세계적으로 주가가 동조화되고 있다. [표 3-6]은 전 세계적으로 주가수익률(PER)이 동조화되는 것을 보여주고 있다.

이것은 우리나라 대표 기업들의 주가는 국내의 경제 여건보다도 세계 경제의 흐름에 따라 그들 투자가들이 포트폴리오를 어떻게 구성하는가에 민감하게 반응하다는 것을 말해주고 있다.

이 포트폴리오의 대표주자가 해외 펀드다. 해외 펀드 투자자들은 전 세계를 돌아다니며 탐욕스럽게 투자한다. 우리나라 외환은행을 인수해서 막대한 시세 차익을 실현하려고 노력하는 론스타는 사모펀드(Private Equity Fund)의 대표 주자다. 어찌됐든 돈이 될 만한 사업거리에는 국내외를 막론하고 자금이 몰려드는 세상이 됐다. 헤지 펀드(Hedge Fund)의 규모 역시 1,400조 원에 달한다.

이런 풍부한 유동성은 그 동안 예금금리를 낮게 만들었으며 상대적으로 주식과 부동산 등의 실물 자산의 가격을 상승시켰다. 2000년 이후 우리나라에서 예금을 갖고 있던 사람보다 부동산이나 주식 등 실물 자산을 갖고 있던 사람이 더 부자가 됐다는 것은 어렵지 않게 알 수 있다. 이런 현상은 우리나라뿐만 아니라 미국, 영국, 중국, 싱가포르 등 전 세계적인 현상이었다.

[표 3-7] 주요국의 주택가격변화동향

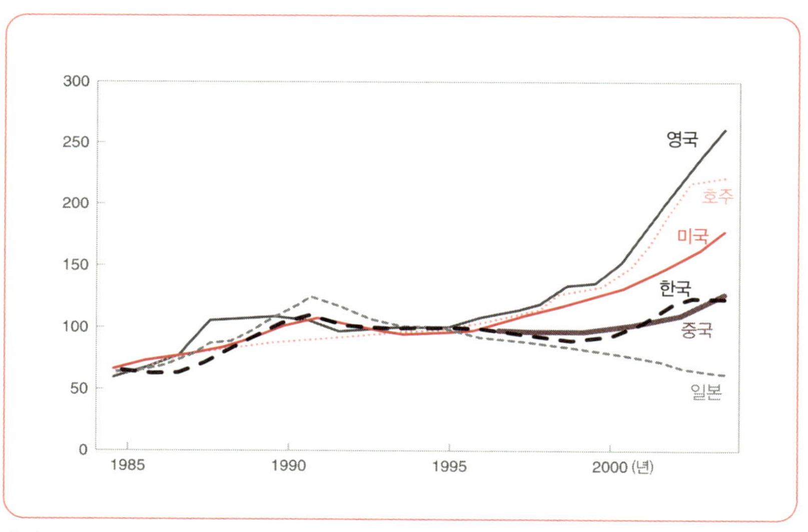

출처: Datastream

46

[표 3-7]은 2000년부터 폭등하기 시작한 세계주요도시의 주택 가격을 보여준다. 영국, 미국, 호주, 프랑스 등에 비하면 우리나라의 주택 가격 상승폭은 그리 높지 않은 것을 보여준다.

참여정부는 2003년 초에 집권을 시작했다. 출범 직전부터 강남을 시작으로 아파트 가격이 오르기 시작했다. 이후 정부는 각종 대책을 발표했다. 부동산값 안정이라는 이름으로 발표된 정책은 수를 헤아릴 수 없을 만큼 많았지만 아파트 가격은 꾸준히 올랐다. 정부 출범 초기에 정부의 발표를 믿고 아파트를 팔았던 사람들은 급격하게 오르는 아파트 가격에 경악했고 정부를 원망하기 시작했다. 정부는 자존심이 상했고 이후 시장 기능을 거의 마비시킴으로써 아파트 가격 상승을 정지시키려 했다.

향후 우리나라의 아파트 가격은 떨어질 가능성이 있다. 하지만 이것도 전 세계적으로 동조화될 것이다. 즉 우리나라 부동산가격의 상승과 하락은 우리나라만 독립적으로 이루어질 수 없다는 것이다. 만약 참여정부가 임기를 끝내고 어느 시점에 아파트 가격이 하락한다면 이것을 참여정부 정책의 승리로 볼 수 있는지는 다음의 조건을 만족시키는지에 달려 있다. 즉 '주요 국가의 부동산 가격은 오르고 있는데 우리나라의 아파트 가격만 내린다면' 이라는 조건을 반드시 충족시켜야 한다.

[표 3-8] 자산 10억 이상 부유층 증가율(2004~2005년)

출처: 메릴린치, 캡제미니

어찌됐든 지난 수년 동안 주식이나 부동산을 취득하지 않은 사람은 부자가 되기 어려웠다는 것은 사실이다. [표 3-8]은 자산 10억 원 이상 부유층의 증가율을 보여준다. 우리나라 부자 증가율은 세계적 수준이다.

그렇다면 앞으로는 어떻게 될까? 불행하게도 2000년대 초에 실물자산을 취득하지 못한 사람은 계속해서 부자가 못 될 확률이 높다. 그 이유는 인구구조 때문이다. 통계청이 발표한 [표 3-9]는 연령계층별 인구 구성비고 아래 상자 안의 굵은 글씨는 이 표가 무엇을 의미하는지 설명해 주고 있다.

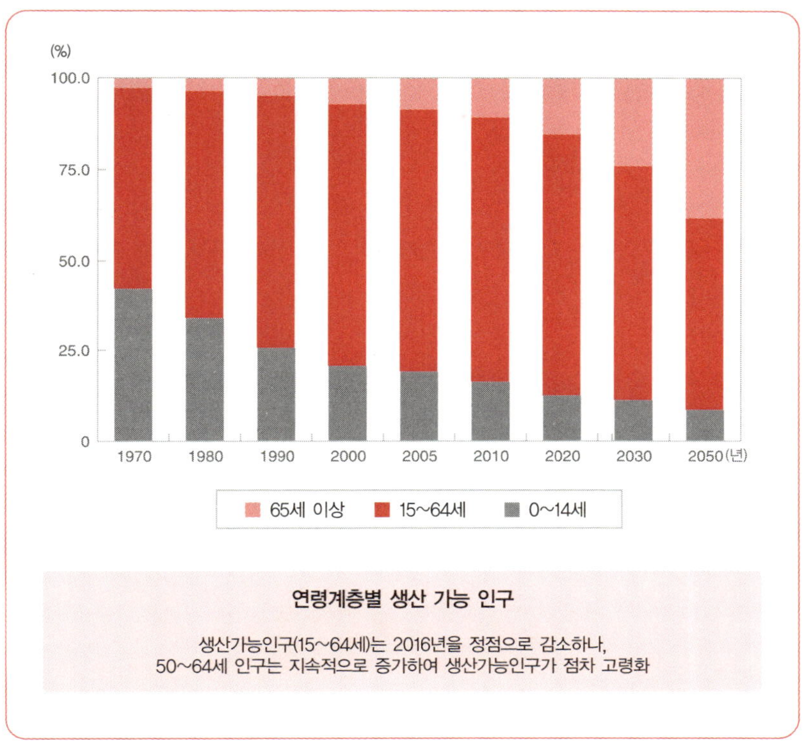

출처: 통계청

통계청의 설명을 경제적으로 풀이해 본다.

'생산가능인구(15~64)세는 2016년을 정점으로 감소하나'

이 말은 경제활동인구 증가속도가 점점 줄어들고 있음을 의미한다. 경제활동인구가 준다는 것은 사업을 하기 위해 돈은 빌려 쓰는 사람의 증가속도가 준다는 것과 동의어다.

이 말은 경제적인 활동을 하지는 않고 젊었을 때 벌어놓은 돈을 안정적으로 운영하면서 생활비로 쓰겠다는 것과 동의어다.

앞의 통계청 발표는 향후 우리나라는 은행에서 돈을 빌려 쓸 사람은 점점 적어지는데 돈을 맡기려는 사람은 늘어난다는 것을 의미한다. 금융 기관에 돈이 몰리는데 돈을 빌려 쓸 사람이 없다면 금리는 내려간다. 즉 앞으로는 금융 자산이 아닌 실물 자산을 취득하지 않으면 부자가 될 수 없다는 것을 뜻한다.

실물 자산을 취득해야 할 또 한 가지 이유가 있다. 우리나라의 저축은 연기금 형태로 크게 늘고 있다. 예를 들면 국민연금은 현재도 세계에서 4번째로 많은 기금을 보유하고 있다. 이 액수는 점점 늘어나 우리나라의 금리를 필연적으로 낮춰야 하는 구조를 만들고 있다.

낮은 금리는 상대적으로 주식과 부동산 등 실물 자산의 가격 상승을 의미한다. 따라서 2000년대 초반에 부동산으로 대표되는 실물 자산을 보유하지 못한 사람은 2000년대 중반에 실물 자산을 취득하려해도 이미 가격이 많이 올라서 매입이 어려운 상태다. 그런데 앞으로도 금리는 낮게 유지될 것이기 때문에 실물 자산의 가격은 내려가기보다는 높아질 가능성이 높다. 다만 실물 자산 중에 주식과 부동산 중 어느 자산이 더 오르는가가 문제일 것이다.

그런데 이제 국민도 이런 사실을 논리적으로는 설명하지는 못해도 피부로 느끼게 됐다. 그래서 더욱 더 초조한 것이다. 국민은 점점 더 양극화가 심화되고 있음을 느끼게 된 것이다. [표 3-10]은 최근 수년

[표 3-10] 전국 가구 소득 5분위 배율 · 지니계수 추이

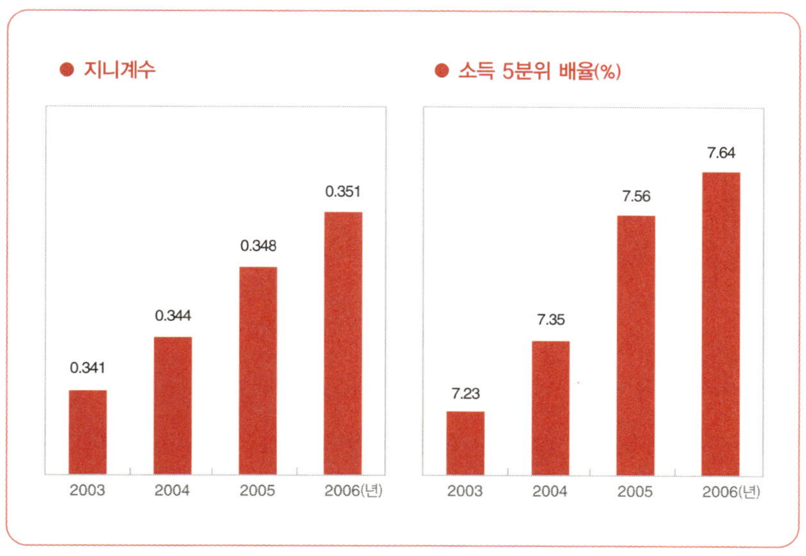

주: 1) 지니계수는 0~1의 값을 가지며, 수치가 낮을수록 소득의 평등도가 높다는 것을 의미함.
   2) 소득 5분위 배율은 소득 상위 20%의 소득을 하위 20%의 소득으로 나눈 값으로 숫자가 클수록 소득 불평등이 심하다는 것을 뜻함.
출처: 통계청

동안의 양극화가 얼마나 진행됐는지를 보여준다.

우리나라뿐만 아니라 최근 세계적인 양극화의 원인은 임금의 불평등이 아니라 자산보유의 불평등에서 기인한다. 임금은 올라가도 쓸 만한 자산을 갖고 있지 못하면 상대적으로 소득은 낮아지기 때문이다.

"정부는 시장에 맞서지 말고 개인은 정부에 맞서지 말라"는 말이 있다. 우리 정부는 지난 수년 동안 세계적인 시장에 맞서왔다. 그래서 싸움이 어려웠다.

수년 동안 가장 집값이 많이 오른 나라는 영국이다. 어느 방송국의 런던 특파원이 다음과 같은 취지의 리포트를 했다. "최근 수년 동안 영국의 집값은 전 세계 도시 중 가장 많이 올랐습니다. 그래서 런던 시민들이 높아진 집값을 견디다 못해 런던에서 멀리 떨어진 교외로 이사를 가는 일이 벌어지고 있습니다. 하지만 영국 정부는 전혀 미동도 하지 않고 있습니다."

세계의 주요국 정부는 영국 정부처럼 2000년대 초부터 시작된 집값 상승에 반응하지 않았다. 즉 시장에 역행하지 않은 것이다. 어차피 이 싸움은 어떤 정부도 이길 수 없었기 때문이다. 그런데 우리는 시장과 싸움을 했다. 시장과의 싸움에서 가장 피해를 입는 사람은 정부가 이겨줄 것으로 기대하고 정부의 정책에 따라 실행에 옮긴 사람들이다.

우리는 강남 집값과 전쟁을 벌였던 정부의 일부 고위관리들도 자신의 강남 집을 팔지 않고 줄기차게 보유하고 있었다는 사실을 신문보도를 통해 이미 알고 있다. 세계 시장과의 싸움 피해자는 또 있다. 국민 전체가 피해자다. 무릇 전쟁에는 많은 비용이 들어가기 마련이다. 우리는 세계 시장과의 전쟁에서 많은 전비를 소모했다.

[표 3-11]은 정부를 대신해 신도시와 임대주택 건설을 담당한 대한주택공사와 한국토지공사의 부채액이 얼마나 늘었는지를 보여주고 있다. [표 3-12]는 주공과 토공의 주요 적자 이유인 토지보상비가 해마다 약 20~25조 원씩 늘어나 2009년까지 모두 약 110조 원이 필요할

[표 3-11] 건교부산하 공기업부채 증가 얼마나 늘었나?

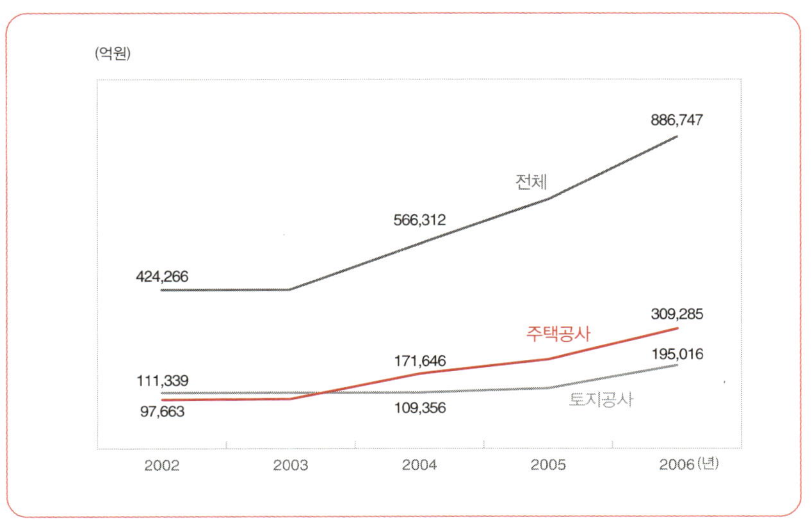

출처: 각 공사, 정희수의원, 〈매일경제신문〉 2007년 8월 28일자 재인용

것으로 예상됨을 의미한다.

이런 비용은 우리가 세계 시장에 맞서서 싸우는 데 필요한 전쟁 비용의 일부다. 즉 공짜가 아니라는 것이다. 이 부분의 글을 종료하기 전에 다시 한번 간략하게 정리하면 다음과 같다.

2000년대 초 전 세계적인 유동성의 홍수 속에서 세계인들은 그럴 듯한 포트폴리오로서의 주택을 소유했다. 하지만 우리는 주택을 자산으로 보지 않았다. 그래서 주택 가격의 폭등에 정부가 개입했다. 개입은 비용을 필요로 했고 앞으로도 더 많은 비용을 필요로 하고 있다.

[표 3-12] 2005년 이후 토지보상금 현황

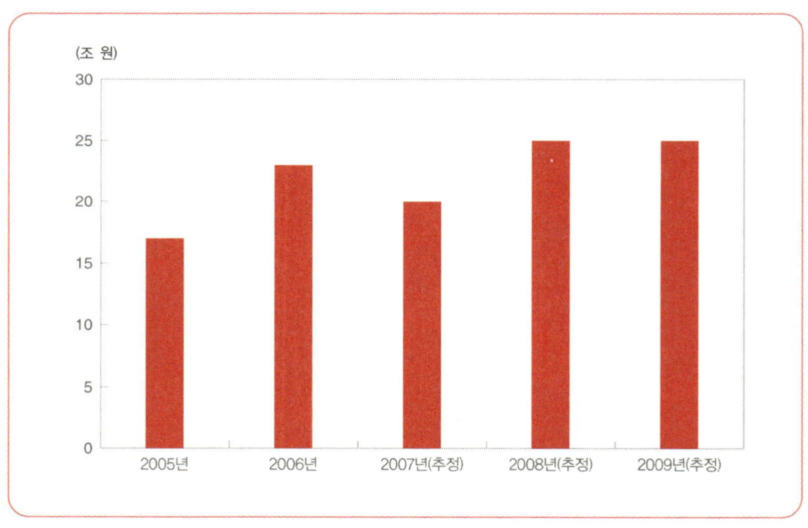

출처: 건설교통부

집값을 잡으려면

4

한 환자가 병원에 왔다. 물론 몸이 아파서 온 것이다. 의사는 환자를 상대로 의심이 가는 곳을 의료장비로 검사하게 된다. 진단에는 기초적인 진단 장비인 청진기부터 최첨단의 CT촬영기 등이 동원된다.

왜 의사는 진단 장비를 동원하는가? 병의 원인을 정확하게 알아내기 위해서다. 병의 원인을 알아야 그에 알맞은 처방을 내릴 수 있다. 의사가 진단을 잘못하면, 즉 오진을 하면 환자의 생명이 위험해질 수도 있다.

사회문제도 마찬가지다. 사회적으로 어떤 문제가 발생되면 그 문제를 발생시킨 원인을 찾아내야 한다. 그런데 그 문제에 대한 원인을 찾아내는 일을 게을리 하거나 무조건 치료부터 하려고 하면 문제의 해결은 더욱더 어려워진다.

[표 4-1]은 어느 금융연구소에서 발표한 도표로서, 국제적인 도시별 소득을 집값에 대비해 본 것이다.

이런 표는 대개 증권회사 계열의 연구소들이 작성한다. 그 이유는 국민의 투자가 부동산에서 증권으로 옮겨와야 한다는 것을 주장하기 위해서다. 미국의 로스앤젤레스와 우리나라의 서울은 도시 여건이 다르다. 물론 호주의 시드니와는 더욱 더 다르다. 영국 런던의 경우

[표 4-1] 세계 주요도시의 소득 대비 주택가격 비교

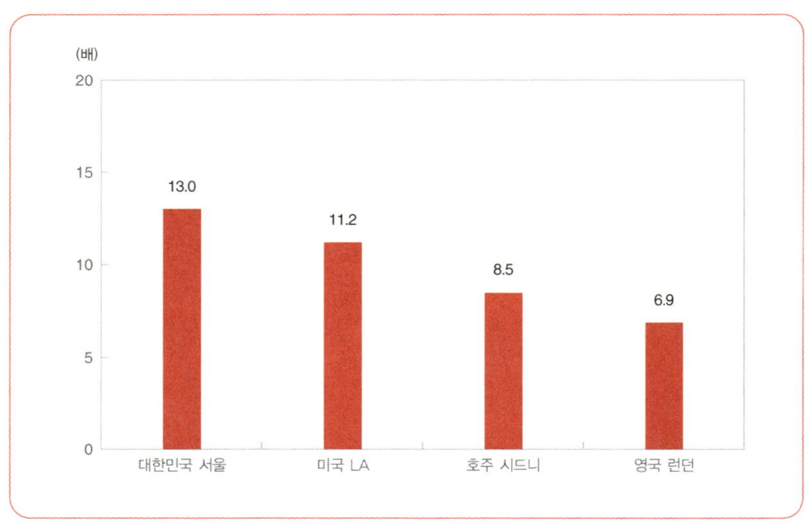

출처: 모(謀) 금융기관

면적은 1,578㎢이며 인구는 720만 명이다. 하지만 우리 서울의 경우 면적은 605㎢인데 인구는 1,000만 명이 넘는다. 서울의 집값이 비싼 것은 당연한 이치다.

어쨌든 이 도표에 의하면 우리나라 서울은 집값이 소득의 13배로서 로스앤젤레스의 11.2배, 시드니의 8.5배보다도 높다. 그러면 서울은 왜 이렇게 다른 나라에 비해서 집값이 높을까? 정책 담당자는 "왜?"라는 물음에서부터 시작해야 한다. 이런 물음에 답하기 위해서는 의사가 진단 장비를 동원하듯이 부동산과 관련된 각종 자료 등을 분석해야 한다.

무엇보다도 집값은 소득의 몇 배가 정당한가부터 논의해야 한다. 예를 들면 혈압의 경우 수축기 혈압은 120mmHg, 확장기 혈압은 80mmHg이 정상이라는 것이 의학적으로 증명된 사실인 것과 마찬가지다. 집값에 대한 이런 선행연구가 없다면 우리가 벤치마킹해야 할 대상 도시가 어디인지를 정해야 한다. 우리의 목표가 로스앤젤레스라면 소득대비 11.2배가 집값으로 적정하고, 시드니라면 소득의 8배가 적당하다. 이때는 반드시 벤치마킹 대상 도시의 선정 이유와 근거를 밝혀야 한다. 즉 우리의 벤치마킹 대상이 합리적인 목표인지 시민들이 납득할 수 있어야 한다는 것이다. 무조건 서울의 집값이 비싸니까 잡아야 한다는 것은 비논리적이다.

환경당국은 대기나 수질의 오염도를 줄이기 위해 목표를 설정한다. 예를 들어 100이라는 오염의 수치를 50으로 낮추는 데 50원의 비용이 필요하다고 가정했을 때, 50이라는 오염수치를 25로 만드는 데 또 다시 동일한 액수인 50원이 든다고 말할 수 없다. 아마 몇 배의 비용이 필요할 것이다. 이처럼 정책의 목표는 비용과 연관이 있기 때문에 신중하게 정해야 한다.

우리 정부는 "부동산 정책의 목표는 현재의 아파트 가격을 10.29 이전 수준으로 낮추는 것이다"라고 기회가 있을 때마다 밝혀왔다. 10.29란 무엇인가? 참여정부가 첫 번째 부동산 대책을 발표한 날짜다. 그렇다면 2003년 10월 29일 시점의 우리나라 집값이 목표치가 돼야 할 당위성을 설명해야 한다. 즉 120~80mmHg이 정상혈압 수치인 것처럼 2003년 10월 29일의 부동산 가격이 정상이라는 논리적인 근거를 제시해야 한다.

단순히 정책을 발표한 날을 기점으로 목표치를 정한다는 것은 환자가 입원한 날의 수준으로 병을 고치겠다는 것과 다름이 없다. 즉 환자는 입원 이전에 이미 병이 악화돼서 입원을 한 것이다. 그런데 입원한 날짜의 상태까지만 병을 고치겠다면 그것은 올바른 의료행위가 아니다. 이처럼 아파트 정책으로 대표되는 우리나라 부동산 정책의 목표는 그 근거가 명확치 않다.

다음으로 논의해야 할 것은 병의 원인을 알기 위해 의사가 검진을 하듯이 부동산 가격이 외국보다 높다면 그 이유를 알기 위해 노력해야 한다는 것이다. 다행스럽게도 주택 문제의 경우 여러 기관에서 많은 연구 자료를 발표하고 있다.

문제는 이런 자료들을 얼마나 잘 검증하고 해석하는가다. 의사가 환자의 X선 사진을 잘못 판단하면 오진이 된다. 주택 문제도 마찬가지다. 정책 당국자가 어떤 자료를 구해서 어떻게 해석하는가는 매우 중요하다. 만약 의사가 병원을 찾은 자신의 환자에게 의도적으로 다른 환자의 X선 사진을 보여주며 진단을 내린다면 윤리적, 법률적으로 문제가 된다.

그런데 주택 정책 담당자가 이미 머릿속으로 주택 문제의 치료법을 정해 놓은 상태에서 자신의 입맛에 맞는 주택 관련 자료만 입수하거나 엉뚱한 자료들을 가져다가 각색한다면 제대로 된 주택 정책의 수립은 어려워진다.

정부는 한때 분당급 신도시 사업을 "투기심리를 조장하며 주택 시장의 혼란만 가중시키는 정책"이라고 비판하며, "더 이상 대규모의 주택을 필요로 하지 않다"고 주장했다. 그 근거로 우리나라 주택보급률이 110%를 넘어서고 있다는 것을 들었다.

그러나 주택보급률이라는 수치는 국민의 주거수준을 제대로 반영하지 못한다. 주택보급률은 단순히 주택의 숫자를 가구 수로 나눈 숫자에 불과하다. 따라서 이 수치만으로 주택이 얼마나 큰지, 얼마나 좋은지, 소비자들이 원하는 주택인지 알 수 없다. [표 4-2]는 우리나라와 선진국의 주거수준을 비교한 것이다.

[표 4-2] 각국의 주거수준 비교

지표	한국('05)	일본('03)	미국('03)	영국('02)	독일('02)
주택보급률(%)	105.9	109.3	108.5('03)	105.2	100.6
1000명당 주택 수	282	422	416	426	473
주택당 면적(㎡)	63.1('00)	94.9('00)	148('01)	87('01)	95
1인당 주거면적(㎡)	23.0	33.8('00)	65.3('01)	44.0('01)	41.6('01)
자가 보유율(%)	62.9('04)	61.2	68.3	70.4('03)	42.6
연소득대비 주택 가격	5.5	4.9	3.7	3.8	6.0

출처: 서강대 김경환 교수, 자유기업원 홈페이지에서 재인용

[표 4-2]는 세 가지를 시사한다. 첫째, 이미 선진국은 주택보급률을 인구 1,000명당 주택 수로 표시한다는 것이다. 그런데 우리는 일반 총 가구에서 1인 가구 및 비혈연 가구를 제외한 가구 수를 주택 수로 나누어 주택보급률을 계산해 왔다. 당연히 주택보급률이 실제보다 높을 수밖에 없다. 이와 같은 방법으로는 현대인의 다양화된 삶을 제대로 반영할 수 없다.

[표 4-3]을 보면 우리나라의 1인 가구가 1995년 12.9%에서 2005년 20.4%나 늘어났음을 보여준다.

이렇게 다양화된 생활패턴 때문에 선진국은 일찍부터 1,000명당 주택 수를 주택보급률로 계산해 왔다. 다시 [표 4-2]를 살펴보면 인구 1,000명당 주택 수에 있어서 우리나라는 일본, 미국, 영국, 독일에 비해 절반 가깝게 부족하다.

[표 4-2]가 시사하는 두 번째는, 우리는 1인당 주거 면적이 선진국에

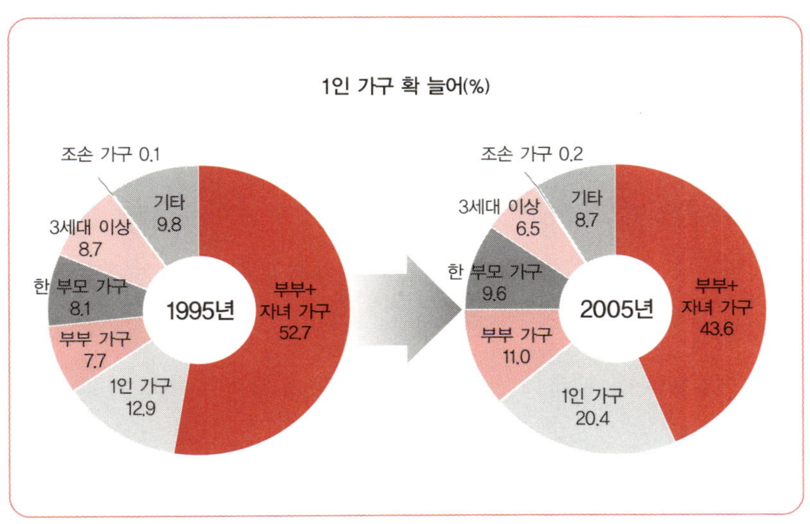

출처: 통계청, '2005 인구주택 총조사' 표본집계결과

비해 절반 정도로 좁다는 것이다. 현재 우리나라의 1인당 주거면적은 23㎡다. 일본의 33.8㎡, 영국의 44㎡, 미국의 65.3㎡과 비교하면 현저히 낮은 수치다. 놀랍게도 우리나라의 1인당 주거 면적이 비좁게 사는 나라로 알려진 일본의 주거면적보다 10.8㎡나 좁다. 즉 9.9㎡ 정도가 좁은 것이다.

[표 4-2]가 보여주는 세 번째는, 우리나라의 연소득대비 주택 가격은 일본 미국 영국에 비해 높다는 것이다. 즉 주택 수가 부족하고 주택면적이 좁으면 주택 가격은 높을 수밖에 없다는 것을 증명하고 있다. 따라서 주택의 가격을 내려야 한다면 질 좋은 주택을 많이 공급

해야 한다는 결론을 얻을 수 있다. 문제는 질 좋은 주택을 어떻게 많이 공급해야 하는가에 있다.

그런데 우리의 정책 당국은 이미 질 좋은 주택을 보유하고 있는 소수의 시민을 압박해 낮은 가격으로 시장에 내다팔게 함으로써 주택 가격을 내리려했다. 이와 같은 정책은 정책 담당자들에게는 매우 유혹적이었다. 하지만 그 결과는 몇 년 지나지 않아 잘못된 것으로 밝혀졌다.

우리나라 주택 정책의 발전을 위하여 이 문제는 분명하게 집고 넘어가야 한다. 너무나도 분명한 진단결과를 왜 무시했는가 하는 점이다. 필자는 그 이유가 정책 담당자들이 시장에 대한 두려움을 갖고 있기 때문이라고 생각한다. 오늘날 거의 모든 사회 문제는 시장의 원리에 맡기면 자연스럽게 해결된다. 반대로 사회 문제를 시장에 맡기면 공무원의 숫자가 줄어들게 된다.

이 대목이 정책 담당자들이 가장 두려워하는 대목이다. 거대한 주택 시장에 개입하려면 당연히 많은 공무원이 필요하다. 완장을 차고 시중 중개업소를 불시에 점검해야 하며, 아파트 아주머니들이 모여서 가격을 담합하는지에 대한 정보 수집을 위해 '007작전' 을 펴야 하고, 아파트 단지 주민들이 아파트 이름을 바꾸지 못하도록 열심히 일해야 했다. 불행하게도 이런 모든 비용은 공짜가 아니었다. 모두가 세금으로 지불되어 왔고 세금도 부족하여 국채를 발행해야 했다.

부동산과 교육

5

*강남 아파트*값이 폭등하게 된 원인이 학군 때문이라고 말하는 사람이 있다. 결론부터 말하면 학군이 강남 아파트 값을 상승시키는데 크게 작용했다는 견해에 굳이 반대하지 않는다. 여기서 우리는 두 가지 사실에 주목해야 한다.

첫째, 강남의 아파트 값 상승이 국가의 이익을 해치는 나쁜 일인가 하는 점이고 둘째, 만약 학군제도(입시제도)를 바꾸면 강남의 아파트 값은 하락할 수 있는가 하는 점이다.

첫 번째 물음에 대해서는 앞서 밝혔듯이 부동산은 어느 지역의 가치가 얼마나 오르는 것이(또는 내리는 것이) 합리적인지를 정할 수 있는 기준이 없다. 따라서 두 번째 주제인 대학입시 제도를 바꾸면 강남의 집값은 하락할 것인가에 대해서만 살펴보기로 한다.

우리나라만 학군이 좋은 동네의 집값이 비싼가? 천만의 말씀이다. 선진국이나 후진국을 가릴 것 없이 좋은 학교 옆 동네의 집값은 비싸다. 왜 비싼가? 기자 출신의 경제학자 팀 하포드(Tim Harford)는 교육제도의 '비시장 시스템' 때문이라고 말한다.

이것을 좀 풀어서 설명하면 다음과 같다. 만약 좋은 학교일수록 등록금을 많이 받을 수 있다면, 즉 학교의 등록금을 학교장 마음대로 받게 한다면 일부 학교의 교장은 높은 월급을 주고라도 세계적으로 우수한 교사들을 채용할 것이다. 그리고 이것을 학부형에게 광고하면 학생들이 몰려들 것이다. 물리적으로 학교는 많은 학생을 다 받을 수는 없으니까 등록금이 올라갈 것이다. 즉 돈 많은 학생만 다니는 학교가 탄생한다.

그러면 그런 학교 주변의 부동산 값은 올라가는가? 반드시 올라간다고 볼 수 없다. 이런 부자들의 자녀만 다니는 학교는 대개 주변과 격리돼 있다. 즉 자신들만의 기숙사를 만들 가능성이 크다. 지역사회와 관련이 없다는 것이다. 그런데 대부분의 나라에서 이런 시스템을 운영하고 있지 않다.

공교육 제도를 유지하는 나라의 시스템은 어느 학교의 아무개 선생님이 학생들을 얼마나 잘 가르치는지 공표하지 않는다. 즉 교육 소비자들의 입장에서 보면 매우 중요한 정보를 차단당한다. 공교육 시스템 속에서 교육 소비자들은 소비자로서 당연히 누려야 할 권리를 침해당하고 있는 것이다. 물론 공교육비의 전부 또는 일부를 국가가 부담하고 있지만 국가 예산 역시 국민이 낸 세금으로 운영된다. 더구나 공교육을 받기 위해 들어가는 시간적이고 금전적인 부담은 개인에게는 커다란 투자 행위일 수밖에 없다.

사람들은 투자를 하기 전에 그 결과를 생각한다. 즉 효율적 투자를 원한다. 따라서 막대한 시간과 비용이 투자돼야 하는 교육이라는 투자 상품에 투자하기에 앞서 그 투자 상품에 대해 자세히 알기를 원한다. 마치 펀드에 가입하기에 앞서 펀드 상품의 수익성과 위험성, 환매조건 등에 대하여 꼼꼼하게 따지는 것과 다름없다. 이런 관점에서 보면 공교육이라는 시스템은 불합리하기 이를 데 없는 제도다. 아마 이 세상의 어떤 서비스도 사전에 이토록 소비자에게 서비스의 내용과 질을 알려주지 않는 것은 없을 듯싶다.

하지만 이 모든 것이 공교육이라는 이름 하에 세계 각국에서 공공연히 이루어진다. 그래서 교육 소비자들은 자신에게 엄청나게 중요한 정보를 얻기 위해 추가적인 행위를 한다. 학교로부터 필요한 정보를 받는 것이 원초적으로 불가능하다고 판단하고 학교 교육 자체를 아예 무시하는 것이다. 그리하여 학교와는 별개의 시스템을 만든다.

우리나라에서는 이런 별도의 시스템을 '사교육'이라고 부른다. 이런 사교육 시스템은 교육 소비자들에게 교육의 내용과 질에 대해 공개적이고 적극적인 정보를 제공한다. 즉 정보제공을 거부하는 공교육 시스템과는 정반대의 행위를 하는 것이다. 경우에 따라서 사교육 시스템은 맞춤형 서비스까지 제공한다. 그런데 공교육보다 사교육의 질이 더 우수한가라는 질문은 의미가 없다. 공교육은 양자의 비교에 필요한 기초적인 자료조차 제공하지 않음으로 비교를 하려는 시도 자체가 불가능하기 때문이다. 실제로 공교육 시스템 속에는 사교육 서비스 제공자보다 더 우수한 인력이 있을 수 있다. 하지만 그런 것을 교육 소비자들이 알 수 없다. 비교가 불가능하기 때문이다.

이와 같이 비교 절대불가의 구조는 공교육과 사교육에 종사자하는 종사자 모두에게 이익이다. 즉 공교육 종사자들은 우리나라 교육의 정상화를 위해 학생들을 사교육에서 벗어나게 해야 한다고 주장한다. 하지만 자신들의 교육 서비스에 대한 질과 내용을 사전에 공개하려 하지 않는다. 이와 같은 비공개 행위는 공교육과 사교육이 공존할 수 있는 환상적인 구조를 연출한다. 이런 환상의 구조는 공교육 종사자와 사교육 종사자 모두에게 존립의 근거를 제공하기 때문이다.

공교육 시스템이 교육 소비자를 위하는 가장 정직한 방법은 자신들이 제공하는 서비스의 내용과 질을 사전에 공개하는 것이다. 하지만 이것은 공교육 시스템의 공급자들에게는 매우 부담스러운 결과를 초래한다. 서비스의 내용과 질을 사전에 공개한다는 것은 소비자가 그 서비스 내용에 대해 간섭할 수 있는 여지를 만들어주기 때문이다. 또 이런 간섭행위의 결과는 종국적으로 교육이라는 서비스 업체의 선택권을 소비자가 갖게 됨을 의미한다.

진정으로 공교육의 정상화를 원한다면 공교육이 제공하는 내용과 질을 사전에 공개해 공교육 업체 사이에도 교육 서비스의 내용과 질로 경쟁을 하게 해야 한다. 이렇게 되면 소비자들은 당연히 공교육 서비스 업체 중 자신에게 맞는 업체를 선택할 수 있게 된다. 그러나 이 같은 일을 할 수 없기 때문에 사교육은 계속 존재할 수밖에 없다.

여기서 흥미로운 것은 교육 소비자들이 사교육이라는 시스템을 선택하는 데 있어서도 철저하게 경제적인 원리가 존재한다는 사실이다. 즉 사교육 공급자를 비교·선택하는데 강남이 가장 효율적이라는 것이다. 그리고 이와 같은 효율성은 부동산 값에 반영된다. 팀 하포드는 이 부분을 "시장 시스템 하에서 좋은 학교의 등록금으로 들어가야 할 돈이 비시장 시스템에서는 좋은 학군의 부동산 소유자들에게 흘러들어 간다"고 설명한다. 즉 학교의 등록금으로 가야 할 돈의 액수만큼 부동산 값의 상승으로 이어진다는 것이다.

한때 정부에서 과외를 금지한 적이 있다. 당시 몰래 자녀를 과외 공부시키다가 공직에서 쫓겨난 사람도 있었다. 자녀의 과외 공부 때문에 아버지를 직장에서 해고할 수 있는 법적 근거가 있었는지는 정확치 않지만 당시에는 꽤 무서운 조치였다. 아마 '과외 금지에 관한 특별조치법' 정도의 과중함이 아니었나 싶다. 이런 이름의 법이 실제로 있었다면 '펀드 가입 시 묻지 마 펀드 가입에 관한 특별조치법' 쯤으로 바꿔 불러도 크게 차이가 없을 것이다.

흔히 사람들은 "사교육을 잠재우기 위해서 공교육을 살려야 한다"

고 말한다. 그리고 "공교육 살리기의 첫 번째 단추는 교육예산을 확충하는 것"이라고 주장한다. 하지만 필자는 이와는 반대로 말하고 싶다. 학부모들과 학생들을 사교육의 피해에서 벗어나게 하려면 공교육 시스템을 경쟁체제로 바꾸어야 한다.

그리고 그 첫 단추는 교육 예산의 확충이 아니라 교육 예산의 효율화에 있다. [표 5-1]과 [표 5-2]는 1970년대 이후 우리나 교육 예산이 꾸준히 증가돼 왔음을 보여준다. 따라서 공교육을 강화하기 위해 예산을 늘리면 사교육이 줄어들어야 할 텐데, [표 5-3]을 보면 오히려 사

[표 5-1] 연도별 중앙정부예산 대비 교육인적자원부 예산

구분(년)	중앙정부예산(천 원)	교육인적자원부예산(천 원)	비율(%)
1970	446,273,301	78,478,212	17.6
1975	1,586,931,050	227,925,711	14.4
1980	5,804,061,441	1,099,159,170	18.9
1985	12,532,361,835	2,492,308,215	19.9
1990	22,689,432,968	5,062,431,258	22.3
1995	54,845,022,310	12,495,810,267	22.8
2000	118,919,976,000	19,172,027,920	16.1
2001	124,461,641,000	20,034,364,710	16.1
2002	136,618,129,000	22,278,357,817	16.3
2003	142,939,927,000	24,404,401,310	17.1
2004	146,872,596,000	26,399,680,082	18.0

주: 1) 중앙정부예산 = 일반회계 + 특별회계
  2) 특별회계는 지방잉여금관리특별회계, 지방교육잉여금관리특별회계, 재정융자특별회계, 국유재산관리특별회계, 농어촌특별세관리특별회계, 책임운영기관특별회계임.
  3) 교육인적자원부예산 = 일반회계 + 특별회계(중복은 제외함)
출처: 교육인적자원부·한국교육개발원(각 연도), 교육통계연보. 신중섭, '공교육 투자를 확대해도 사교육비를 줄이지 못한다(2007년 08월 23일)'에서 재인용

[표 5-2] 연도별 · 학교별 학생 1인당 공교육비

(단위: 천 원)

구분(년)	초등학교	중학교	고등학교	대학
1970	12	25	32	157
1975	27	40	73	313
1980	119	157	150	1,036
1985	319	300	398	1,210
1990	566	699	787	1,906
1995	1,412	1,380	1,785	4,227
2000	2,023	2,690	2,840	5,591
2001	2,362	3,277	3,376	6,036
2002	2,859	3,348	3,543	6,472
2003	3,243	4,062	5,061	7,004
2004	3,349	4,124	5,300	7,489

주: 1) 학생 1인당 공교육비 = 공교육비(국 · 공 · 사립하교 교비 + 기상(육성)회비) / 재적 학생 수
    2) 예산을 기준으로 함.
    3) 경상가격임.
출처: 교육인적자원부 · 한국교육개발원(각 연도), 교육통계연보. 신중섭, '공교육 투자를 확대해도 사교육비를
    줄이지 못한다(2007년 08월 23일)' 에서 재인용

교육비가 점점 늘어나는 것을 볼 수 있다.

이것은 사교육비를 줄이기 위해 공교육비를 늘이면 늘일수록 사교육비가 늘어난다는 것을 보여준다. 그 이유는 늘어나는 공교육비가 교육 소비자들이 원하는 공교육 서비스 업체 사이의 경쟁에 사용되는 것이 아니라 공교육 서비스 업체 사이의 비경쟁 체제를 굳건히 하는 데 사용되기 때문이다.

정치인들은 선거 때마다 교육 예산을 확충하겠다는 공약을 발표한다. "GDP의 몇 %에 달할 수 있도록 최선의 노력을 다하겠다"고 구체

[표 5-3] 사교육비 총량 규모의 변화

(단위: 백만 원)

구분	1994년	1998년	2001년	2003년
경상가격	5,654,917	12,245,474	10,663,417	13,648,505
불변가격	6,967,302	12,570,575	11,044,253	13,648,505

출처: 한국교육개발원, 신중섭, '공교육 투자를 확대해도 사교육비를 줄이지 못한다(2007년 08월 23일)'에서 재인용

적인 수치를 말하는 사람도 있다. 이제 이런 사람들은 위의 세 가지 도표가 보여주는 사실에 답을 해야 한다. 거듭 강조하지만 예산을 늘린다고 문제가 해결되지 않는다. 우리나라 공교육의 핵심은 공교육 서비스 업체 간의 경쟁을 통해서만 가능하다.

교육예산을 늘이면 교사의 수가 많아진다. 많아진 교사들은 모두 자신이 가르치는 과목이 전인교육(全人敎堉)에 꼭 필요한 과목이며, 자신의 과목이 어떤 형태로든 대학입시에 반영돼야 한다고 주장한다. 즉 교육 관계 예산이 늘어날수록 학생들이 공부해야 할 내용이 많아진다. 그 내용이 학생들에게 꼭 필요한 것인지, 지금 이 시대가 요구하는 학문인지에 대한 검토는 이루어지지 않는다. 전인교육이라는 이름 하에 철저하게 검증의 대상으로부터 차단되기 때문이다. 따라서 교육 소비자들은 더욱더 답답할 수밖에 없다. 그래서 최근에는 해외유학생이 더욱 많아졌다. [표 5-4]는 우리나라 유학생의 숫자다.

미국에서 공부하는 유학생은 중국을 제치고 우리나라가 가장 많다. 당연히 유학비라는 이름으로 외화는 유출된다. 아래의 [표 5-5]는

[표 5-4] 미국 내 외국인 유학생 현황

(단위: 명, %)

순위	국가	2006년 말	비율	2005년 말(순위)
1	한 국	9만 3,728	14.9	8만 1,616(1)
2	인 도	7만 6,708	12.2	6만 7,761(2)
3	중 국	6만 850	9.6	5만 4,562(3)
4	일 본	4만 5,820	7.3	4만 9,422(4)
5	대 만	3만 3,651	5.3	3만 2,170(5)
6	캐나다	3만 1,234	4.9	3만 321(6)
7	멕시코	1만 4,453	2.3	1만 3,909(7)
8	터 키	1만 2,106	1.9	1만 1,621(8)
9	태 국	1만 1,009	1.7	1만 386(9)
10	사우디	9,081	1.4	(20위권 밖)

출처: 미국 내 이민세관국

유학 경비가 해마다 증가해 2006년 한 해 동안 36억 달러가 지출됐음을 보여준다.

해외 유학과 연수에 사용된 비용을 단순히 낭비로 생각하려는 것은 아니다. 하지만 위의 두 표를 보면 우리나라 교육 제도에 경쟁력이 있었다면 지출하지 않아도 될 외화가 상당액에 달할 것이라는 사실에 어렵지 않게 동의할 것이다.

2007년 국방부는 전차와 훈련용 비행기들을 터키와 기타 중동 국가들에 판매했다. 국방부는 우리나라 예산 항목 중 오랫동안 많은 돈을 사용해 왔다. 따라서 국방부의 외화벌이는 지금까지 우리가 투자한 국방비의 일부를 회수하는 것 같아 마음이 뿌듯하다.

우리나라 교육부는 언제 외화를 벌 수 있을까? 물론 "교육부가 돈

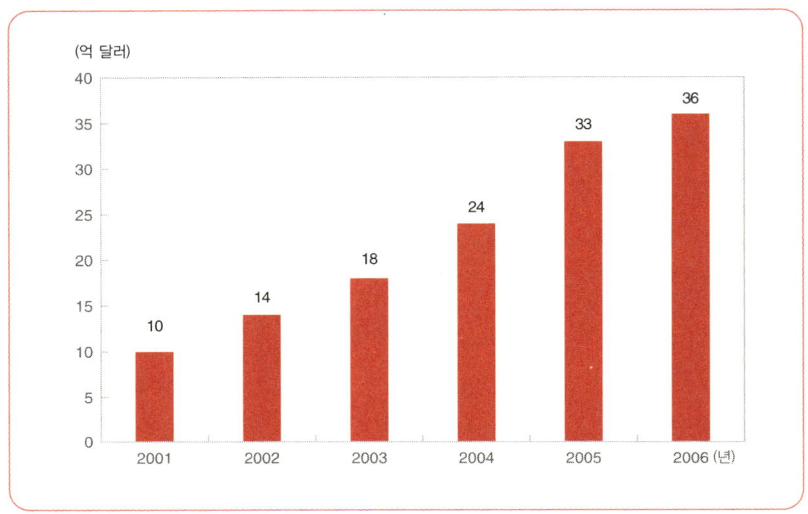

출처: 한국은행

을 버는 기관인가?"라고 반문할 수도 있다. 하지만 싱가포르는 자국 내에 외국의 명문 대학을 유치해서 유학생들을 받아들이고 있다. 이에 반해 우리나라의 제주 국제 자유 도시는 교육부의 규제 때문에 외국인 학교의 유치가 전무하다.

교육부는 우리나라 예산 중 국방비와 버금가는 많은 돈을 지출하고 있다. 이제는 교육에도 효율성과 생산성을 도입해야 한다. 결론적으로 말하면 우리가 지금과 같은 비효율적이고 낭비적인 공교육 제도를 유지하는 한 대학입시 제도를 아무리 훌륭하게 바꾸어도 특정 지역의 부동산 값은 학군의 영향을 받을 수밖에 없다.

임대주택에 대해

6

임대주택은 크게 두 가지로 분류될 수 있다. 민간 임대와 공공 임대다. 민간 임대주택의 경우 건립과 운영에 국가의 예산이 사용되지 않는다. 그러나 공공 임대의 경우 국가 예산이 사용된다. 여기서는 국가의 예산이 사용되는 공공 임대주택에 대해서만 논의해 본다. 즉 예산의 사용이 적정했는가를 검토해 보겠다는 것이다.

공공 임대 아파트를 짓는 시행자는 다시 민간과 정부로 나뉜다. 전자는 민간 사업자가 정부의 돈으로 임대주택을 짓는 경우고 후자는 대한주택공사나 지방자치단체가 정부의 돈으로 아파트를 짓는 경우

다. 먼저 정부의 돈을 이용해서 임대 아파트를 짓는 민간 사업자의
경우를 살펴본다.

모럴 헤저드의 극치, 민간 사업자의 공공 임대 아파트

2006년 9월, 국회 헌정기념관에 사정이 딱해 보이는 다수의 사람이
모였다. '부도 공공 임대 아파트 임차인 구제를 위한 특별법 제정 공
개토론회'에 참석하기 위해 거리에 내몰리게 된 입주자들이 모인 것
이다. 얼핏 이해가 가지 않는 제목이었다. 공공 아파트가 부도라니?
더구나 임대 아파트라면 서민을 위한 아파트 아닌가? 서민을 위한 공
공 아파트가 부도가 날 이유가 없을 텐데?

우리는 아파트를 살 때 채권을 산다. 정부가 발행한 채권, 즉 국민
이 아파트를 분양 받을 때 산 채권은 국민주택기금이라는 이름으로
활용된다. 국민주택기금은 서민들의 주거 안정을 위해서 사용된다.
그래서 민간 사업자가 임대 아파트를 짓겠다고 하면 정부에서 국민
주택기금을 저리로 빌려주었다.

민간업자들 중에 일부가 이것을 악용했다. 처음부터 국민주택기금
을 받아 자금을 다른 곳에 이용하려는 목적을 갖은 사업자들도 있었
다. 기금을 받은 뒤 임대 아파트를 짓고 임대분양을 하고 임대보증금
을 받아 챙긴 뒤 부도를 낸 경우가 많이 있다. 업자는 갚아야 할 국민

주택기금을 갚지 않고 부도를 내버린 것이다.

당연히 국민주택기금을 운용하고 있는 금융 기관에서는 경매를 신청할 수밖에 없다. 경매가 진행 되자 적게는 500만 원부터 많게는 4,000만 원에 이르는 보증금을 날린 임차인들이 생겨나기 시작했다. 그런데 그 숫자가 가히 기가 막히다. 2006년 현재 부도가 난 공공 임대 아파트는 5만 세대를 넘는다. 1가족을 3명으로 계산하면 15만 명이 거리로 내몰리고 있는 것이다. 더욱 더 놀라운 사실은 앞으로 40만 세대의 공공 임대 아파트 중에 얼마나 더 부도가 날지 아무도 모르는 살얼음판을 걷고 있다는 것이다. 만약 40만 세대를 소유, 운영하고 있는 민간 사업자들이 모두 부도가 날 경우 120만 명이 임대보증금을 떼인 체 집을 잃고 쫓겨나야 한다.

그런데 불행하게도 이렇게 될 가능성은 충분히 있다. 공공 임대주택 사업자들의 대부분은 규모가 큰 회사들이 아니다. 경기의 기복에 따라 이들이 부도를 낼 확률은 너무나 높다. 결국은 공적 자금이 투입돼야만 해결이 가능하다.

건설교통부가 한나라당 심재철 의원에게 제출한 자료에 따르면 2006년 10월 말 현재 국민주택기금 중 공공 임대 건설과 관련한 대출금은 25조 9,555억 원이며 이 가운데 1조 842억 원은 사업장 부도로 회수가 거의 불가능한 상태라고 밝혔다. 국민주택기금의 대부분은 국민이 아파트를 살 때 강제로 사야 하는 채권 판매로 조성된다. 즉 집이 없는 서민들을 위해 집 있는 사람들이 부담해준 금액인 것이다.

그리고 그 돈의 관리를 정부에 일임했다. 그런데 그 결과가 잘못 돼서 1조 1,000억 원 정도를 날린 것은 물론이고 오히려 이것 때문에 서민들이 거리로 쫓겨나야 할 뿐만 아니라 수천만 원씩 보증금을 떼일 판이라면, 또 선량한 피해 서민들을 구제하기 위해 조 단위의 돈을 더 투입해야 한다면 누가 그 책임을 져야 하는가?

정부에서는 민간 사업자가 그 책임을 져야 한다고 말할지 모른다. 맞는 말일지 모른다. 그런데 과연 국민이 이것을 납득할 수 있을까? 아닐 것이다. 국민주택기금은 국민의 돈이다. 세금과 다를 바 없다. 세금의 사용이 잘못돼서 서민들이 보증금을 떼이고 길거리로 쫓겨나게 된 마당에 민간 사업자의 책임으로 만 미룰 수 있을까?

정부는 당연히 민간 사업자에게 국민주택기금을 빌려줄 때 과연 임대주택을 지을 능력이 있는 업체인지 또 임대주택을 지으면 임차인들이 들어올 수 있는 지역인지를 사전에 심사했어야 한다. 또한 공사를 할 때 공사의 진척도에 따라 공사비를 지급하는 방식을 사용했어야 한다(국민주택기금만 받아 챙기고 공사 중에 망해버린 사업자도 많다).

가장 중요한 점은 그 목적이 서민을 위한 임대 아파트 건설 사업이었기 때문에 당연히 서민들의 임차보증금이 제일 먼저 보호받을 수 있는 제도적인 장치를 마련했었어야 한다.

급기야 정부는 2005년 7월 25일 이후 공급된 공공 임대주택은 보증 보험으로 임대 보증금을 보호하는 방안을 마련했다. 하지만 그 이전에 분양되어 이미 부도가 났거나 앞으로 부도가 날 공공 임대 아파트는 모두 주공이 떠맡도록 했다. 그리고 이와 같은 법안을 발의한 국회의원은 '서민을 위한 정책'이라며 크게 홍보했다. 그러나 100% 정부 기업인 주공이 떠맡은 부도 임대 아파트 처리 비용은 역시 세금이라는 사실은 홍보하지 않았다.

지을수록 빈집만 늘어나는 주공 임대 아파트

정부는 부동산 시장을 안정시킨다는 이유로 2017년까지 150만 채의 임대주택을 짓기로 했다. 이런 목표에 맞추어 2007년까지 약 10만 호의 임대주택이 만들어졌다. 목표치의 6%정도가 완성됐으며 대부분 대한주택공사에 의해 공급됐다. 그런데 문제는 서민들이 필요로 하는 장소에 아파트를 지은 것이 아니라 아파트를 짓기 편한 곳에 지었다는 데 있다. 즉 땅값이 싼 곳을 찾아다니면서 아파트를 만든 것이다.

서민들에게 필요한 것은 물론 주택이다. 주택보다 더 필요한 것은 일자리다. 그런데 서민들의 일자리는 거의 도시에 있다. 진정 서민을 위한다면 도심에 집을 지어 주어야 한다. 그런데 도심의 땅값은 비싸다. 하지만 정부는 임대주택의 목표치를 정해 놓았다. 목표는 숫자만 표시된다. 지역은 상관없다. 당연히 입주하는 사람이 적을 수밖에 없다. 임대 아파트의 입주율은 전국적으로 70%정도밖에 안된다. 전북의 한 임대 아파트는 지은 지 1년이 넘었는데 입주율이 42%밖에 되지 않는다.

용인의 한 임대 아파트에서는 이상한 일이 벌어지고 있다. 임대 아파트 지하주차장에 골프채를 실은 외제 승용차들이 빈번하게 출입하고 있는 것이다. 이 국민 임대 아파트의 경우 2,200만 원 이하의 차량을 소유하고 가구당 월 평균 소득이 227만 5,000원보다 낮은 사람만이 입주할 수 있다.

그런데 어떻게 외제 자동차를 타고 골프를 즐기는 사람들이 입주할 수 있었을까? 입주율이 낮으니까 주공에서 편법으로 임대분양을 눈감아 준 것이다. 입주자는 입주계약을 할 때 명의는 서민의 이름으로, 외제자동차는 법인 이름으로 사면된다. 이런 일은 수도권 일대의 임대주택에서 빈번히 일어나고 있다. 임대주택이 지어진 지역이 정말로 서민들이 필요로 하는 도시 지역이 아니기 때문에 벌어지고 있는 일들이다.

그런데 이런 아파트들은 계속해서 공실이 늘어날 것이라는 데 의심의 여지가 없다. 또한 분명한 사실은 대한주택공사의 부채는 자꾸 늘어나고 있으며 이것은 국가의 채무가 늘어남을 의미한다. 그런데도 정부는 임대 아파트 건설을 강하게 밀어붙이고 있다. 왜 그럴까? 정부는 외국의 통계를 잘못 읽었기 때문이다.

외국은 임대에서 분양으로

정부가 임대주택의 건설을 강행하는 배경에는 복지 국가에 대한 집착이 있다. 또한 정부는 벤치마킹 대상으로 복지 국가로 대표되는 프랑스 등 서유럽의 나라를 삼고 있다. 바로 이점이 잘못됐다. 물론 현재 프랑스의 임대주택 비율은 우리나라에 비해 높다. 그런데 프랑스는 이것을 대단히 후회한다.

우리는 프랑스 등 서유럽 국가들이 임대주택 정책을 추진한 배경을 알아야 한다. 세계 2차대전 후 세계는 자유진영과 공산진영으로 나뉘어서 이데올로기 싸움을 벌이기 시작했다. 구(舊) 소련은 전 국민에게 집을 한 채씩 나누어주고 이것을 대대적으로 홍보했다. 공산 국가가 자유국가보다 경제적으로 더 우수한 체제라는 것을 서방 국가에 강조했다. 서방의 국가들이 소련에 한방 먹은 것이다. 그래서 프랑스와 영국 등이 앞 다투어 임대주택을 건설하기 시작했다. 그리고 엄청나게 많은 예산을 쏟아 부었다.

그러나 세월이 지나면서 이것이 잘못된 정책이라는 것을 느끼게 됐다. 두 가지 문제가 발생한 것이다.

첫째는 임대 아파트는 모럴 헤저드의 극치라는 사실을 알게 된 것이다. 임차인은 자기 집이 아니니까 관리에 전혀 신경을 쓰지 않았다. 관리가 소홀한 임대 아파트는 급속하게 낡았다. 이것을 막기 위해 또다시 예산을 들여서 임대 아파트를 보수하거나 신축했다. 이런

[표 6-1] 주택구입용 무이자 융자 상환조건 구분(2003년 10월)

연간 소득수준(유로)	융자총액 중 거치기간 인정 비율(%)	상환 1기		상환 2기	
		최대기간 (개월)	융자금 1만 유로당 월 상환액(유로)	최대기간 (개월)	융자금 1만 유로당 월 상환액(유로)
1만 2,638.18 미만	100	180	–	48	208.33
1만 2,638.18 ~ 1만 5,793.86	75	180	13.89	36	208.33
1만 5,793.87 ~ 1만 8,949.56	50	174	28.74	24	208.33
1만 8,949.57 ~ 2만 2,105.25	0	144	69.44	–	
2만 2,105.26 ~ 2만 5,260.95	0	120	83.33	–	
2만 5,260.96 ~ 2만 8,416.64	0	84	119.05	–	
2만 8,416.65 이상	0	72	138.89	–	

출처: Ministère de l' Equipement, desTransports, du Logement, du Tourisme et de la Mer(2003), Aides financières au logement, p. 16.

악순환은 계속됐다.

두 번째 문제는 한번 임대 아파트 단지에 입주한 사람은 영원히 부자가 될 수 없다는 사실을 알게 된 것이다. 임대 아파트는 자가 주택이 아니니까 자산가치의 상승에서 소외될 수밖에 없다. 즉 국제 경제의 호황에 따라 파리 시와 런던 시의 지가가 급속하게 올랐지만 주택 임차인들은 가치상승의 혜택에서 철저하게 소외됐다. 따라서 이들에게 돌아가는 상대적 박탈감은 점점 더 커지기 시작했다. 정부가 임대 아파트를 만들면 만들수록 사회적 약자의 수는 늘어났다. 그리고 이들의 상대적 박탈감도 커져갔다. 2005년 프랑스 파리의 폭동 사건은 바로 임대주택단지에 살던 아랍계 사람들에 의해 주도된 것이다.

영국의 전 대처 수상은 사회 개혁의 첫 대상으로 임대주택을 정했다. 거의 모든 임대주택을 민간에게 분양해 버린 것이다. 그리고 다시는 임대주택을 짓지 않기로 했다. 프랑스도 임대주택 제도에서 국민이 집을 소유하도록 하는 분양 주택 제도로 정책을 바꾸어가고 있다. 임대주택 건설과 관리에 들어가는 예산을 차라리 집을 사려는 사람에게 지원해 주기로 한 것이다. [표 6-1]은 집을 사려는 사람에게 프랑스 정부가 무이자로 지원해 주는 지원금이 소득에 따라 다름을 보여주고 있다.

우리나라 정부는 지금 현재 시점의 프랑스 주택 보급 비율 중 임대주택의 절대적 비율만을 보고 있다. 당연히 임대주택 비율이 우리나라보다 훨씬 높을 수밖에 없다. 하지만 [표 6-2]는 1990년대 후반부터 프랑스 임대주택 공급이 정체됐음을 보여주고 있다. 즉 더 이상 임대주택의 숫자를 늘리지 않는 것이다.

2006년에 건설 관련 부처의 공무원이 프랑스에서 주택 정책을 연구하고 돌아와서 책을 출판했다. 그 책에는 이렇게 쓰여 있다.

"향후 주거 복지 정책은 사회적 합의를 바탕으로 추진되어야 한다. '외국은 어떤데 우리나라는 어떻다' 라는 식으로 이야기하는 것을 자주 듣는데, 외국의 사례를 정책에 참고해야 한다는 점에는 전적으로 동감하지만 외국 사례를 거론하는 방식에 대해서는 불만이 많

[표 6-2] 시기별 공공임대주택 재고비율의 변화(1954~2002년)

출처: 국립통계 및 경제연구소(INSEE) 각 연도 주거실태조사(EL)

다. 왜냐하면 '외국 사례가 어떻다' 라는 콘텐츠 측면의 접근은 일반화되어 있지만, 그 외국 사례가 그 나라의 역사적 맥락에서 왜 등장하게 되었는지에 대해서는 언급이 별로 없기 때문이다. … 이러한 상황 속에서 주거 복지 정책의 기초를 다지기 위해 현시점에서 필요한 것이 무엇인지를 진지하게 검토해 볼 필요가 있다. 늦게 출발한 만큼 더욱 많은 노력이 필요하겠지만, 때로는 우리가 하는 일이 정말 바른 길인가, 우리나라와 민족을 위한 길인가 진지하게 생각해보는 지혜도 필요하다."

우려되는 서울시의 장기 전세 아파트

2007년부터 서울시는 SHIFT라는 이름으로 장기 전세 아파트를 보급하고 있다. 서울시의 장기 전세 아파트 보급 목표는 2010년까지 2만 5,876가구다. 전세 아파트도 일종의 임대 아파트의 범주로 분류된다. 즉 전세 보증금을 은행 이자로 환산해 계산하면 월세로 볼 수 있는 것이다. 월세든 전세든 서울시의 장기전세 임대 아파트에 대한 우려는 세 가지다. 다음은 SHIFT를 홍보하는 서울시의 자회사인 SH공사의 홈페이지화면이다.

집에 대한 새로운 생각 SHIFT

『시프트』는 서울시와 SH (Seoul Housing) 공사가 중산층·실수요자를 위해 준비한
신개념 주택입니다.

주변 전세시세의 80% 이하로 최장 20년까지 내집처럼 사실 수 있습니다.
중산층에게 필요한 중대형 주택(59㎡, 85㎡, 115㎡ 중심)으로 모십니다.
민간 분양아파트와 동일한 건설사가 동일한 방법과 동일한 품질로 만듭니다.

『시프트』가 무슨 뜻인가요?

Shift는 "무엇을 바꾼다"는 뜻으로, 주택업계의 잘못된 관행을 바로 잡겠다는 민선4기 서울시 주택정책을
상징합니다.

시민고객들에게 도움이 되는 주택시장의 새로운 기준을 먼저 시작하겠다는 서울시와 SH공사의 의지입니다.
우리를 따라 주택업계 모두가 바른 방향으로 나가길 바라는 서울시와 SH공사의 희망입니다.
시민고객 모두가 집 걱정 없이 살 수 있는 사회를 실현하려는 서울시와 SH공사의 염원입니다.

「시프트」의 Brand 이미지 *Shift*

Shift 의 SH는 서울시의 공공아파트를 공급하는 SH공사를 말합니다.
서울시와 SH공사가 주택시장에서 변화의 큰 물결을 만들어내는 모습을 상징합니다.

실제로 서울시와 SH공사가 『시프트』한 것이 있나요?

전격적으로 후분양제를 실시했습니다. ('07.4)

선분양제는 집을 짓기 전에 파는 제도로 집값 거품을 만듭니다.
후분양제 실시로 "실제 들어간 원가에 적정이윤만 붙어 파는 것"이 당연한 사회를 만들어 갑니다.

우리나라 최초로 분양원가를 전면 공개했습니다. ('07.4)

분양원가를 알 수 없는 시민고객은 "들쭉날쭉"한 건설사의 원가를 믿고 달라는 대로 지불해야 했습니다.
집을 짓기 위해 어디에 얼마나 돈이 들어갔는지 "깐깐하게" 따져보고 사실 수 있게 하겠습니다.

우리나라 최초로 반값 아파트를 공급했습니다. ('07.5)

반값 아파트에 대한 이야기는 많았지만 많은 분들이 믿지 못하셨습니다.
2007년 5월, 서울시는 주변 매매시세의 30% 수준으로 내집 같은 「시프트」를 공급했습니다.

서울시가 신개념 주택 『시프트』를 통해서 바꾸려는 것은 뭔가요?

집에 대한 생각을 "사는 것"에서 "사는 곳"으로 바꾸려고 합니다.
집으로 돈 벌려는 생각 때문에 불안한 주택시장을 안정시키려고 합니다.
과열된 재개발, 재건축 시장을 안정시켜서 어쩔 수 없이 살던 곳을 떠나야만 하는 서민들이 없도록 하겠습니다.
임대주택에 대한 생각을 "좁고 살기 불편한 곳"에서 "살고 싶은 곳"으로 바꾸려고 합니다.
집 걱정으로 답답하던 시간을 인생의 소중한 가치로 여유로운 시간으로 바꿔 드리고자 합니다.

위의 홈페이지 내용 중 여러 가지를 언급하고 싶지만 주요한 몇 가지만을 논의의 대상으로 삼고자 한다. 첫째, "주변 전세시세의 80% 이하로 최장 20년까지 사실 수 있다"는 내용이다. 앞서도 언급했지만 장기 전세 아파트의 전세 가격이 시장 가격이 아니라면 그 시장 가격과 공급 가격의 차이만큼을 누군가가 부담해야 한다는 것이다. 만약 재개발 지역에서 시행되는 장기 전세 아파트라면 이 20%는 당연히 재개발 지역 토지 소유자들이 가져가야 할 이익 중에서 가져온 것이다. 즉 남의 사유 재산에 손해를 입힌 것이다.

사람들은 남에게 손해를 입히는 일을 대수롭지 않게 생각한다. 특히 공권력을 행사하는 기관일수록 이런 일에 익숙하다. 이때 정부 기관이 사용하는 논리는 저소득층을 위한다는 것이다. 그렇다면 서울시는 다음 보도 자료에 대한 해명을 해야 한다. 다음은 2007년 7월 5일자 보도자료 중 일부다.

신개념주택 '시프트' 2차 청약개시

이번에는 소득제한이 없다

● 서울시와 SH공사는 7월 9일부터 제2차 시프트 청약을 개시한다. 발산 3단지 281세대, 신월동 동도센트리움 7세대 등 총 288세대를 공급하는 이번 청약에는, 지난 5월 제1차 청약과는 달리 소득

제한 기준이 없으므로 좀 더 많은 시민들이 청약에 참여할 수 있게 된다.

● 서울시에 따르면 지난 5월 공급한 시프트는 전용면적이 60㎡ 미만으로 소시민들의 주거 안정을 배려한다는 측면에서 국민임대주택의 공급기준을 적용했으며, 이에 따라 월평균 소득이 전년도 도시근로자 월평균소득의 70%인 241만 380원 이하여야 청약을 할 수 있었다.

● 이와는 달리 이번에 공급하는 전용면적이 60㎡ 이상인 중형 시프트는 주된 수요계층을 중산층으로 보고 소득제한을 적용하지 않아도 되는 공공임대의 공급 기준을 적용함으로써 좀 더 많은 시민이 청약에 참여할 수 있도록 한 것이다. 이에 따라 이번 제2차 시프트 청약 경쟁률은 소득제한이 있었던 제1차 시프트 청약의 최종 경쟁률 9.25:1보다 높아질 것으로 보인다.

이 보도 자료의 중요한 키워드는 '소득제한이 없다'는 것이다. 즉 부자도 장기 전세 아파트에서 살 수 있음을 의미한다. 편의상 이런 부자를 홍길동이라고 하자. 홍길동은 A라는 재개발지구에서 시행하는 장기전세아파트에 당첨되었다고 가정하자. 그런데 A라는 재개발지구에는 모두 100명의 주민(토지 주인)이 살고 있었다.

부자인 홍길동이 A라는 재개발지구의 장기 전세 아파트로 이사하려면 논리적으로 다음의 조건을 만족시켜야 한다. 즉 A라는 재개발지구의 주민 100명 모두는 홍길동 씨보다 부자여야 한다. 만약 주민 중에서 홍길동씨보다 가난한 사람이 있다면 서울시의 장기 전세 아파트 정책은 가난한 사람의 재산을 빼앗아 부자에게 기부하는 정책이다. 이 부분에 있어서 서울시는 공공 임대 아파트와 같은 개념이라고 해명할지 모른다. 맞다. 공공 임대 아파트든 장기 전세 아파트든 그 사업지가 재개발지이면서 또 그 임대 가격이 시장 가격이 아니라면 가난한 사람의 재산을 축내서 부자를 도와준다는 데는 공통점을 갖고 있다.

두 번째로 홈페이지에서 문제 삼고 싶은 점은 집은 집에 대한 생각을 '사는 것에서 사는 곳'으로 바꾸려 한다는 표현이다.

한 가지 묻고 싶다. 지금 현재 서울 시장과 서울시의 주택 정책을 집행하는 간부들은 집을 소유하고 있는지, 아니면 전세나 월세로 살고 있는지 궁금하다. 집에 대한 생각을 '사는 것에서 사는 곳'으로 바꾸려 한다는 표현을 사용하려면 서울시의 간부는 모두 집을 팔고 전세나 월세로 살아야 한다. 아마 서울 시장을 비롯하여 서울시의 간부 대부분이 자가 주택을 보유하고 있을 것이다. 왜 자기 자신은 집을 소유하면서 남에게는 집을 소유를 하지 말도록 권유하는 것일까?

'강남 지역이 버블'이라고 목청을 높였던 중앙정부의 고위 공무원이 실제로 자신은 강남의 아파트를 팔지 않았다는 것은 모두가 잘 아는 사실이다. 왜 사람들은 집을 소유하려 할까? 앞에서도 말했지만 집은 포트폴리오의 한 수단으로 바뀌었다. 세계적으로 풍부해진 유동성 때문에 실물 자산의 가격은 상승했지만 예금 자산의 가치는 상대적으로 하락했다.

집을 사든 주식을 사든 이런 행위는 포트폴리오를 구성하려는 개인의 책임과 판단으로 행해져야 한다. '집은 사는 것이 아니라 사는 곳'이라는 서울시의 발상은 위험천만하다. 영국의 대처가 임대주택의 대부분을 민간에 팔았고, 프랑스가 임대주택에서 분양 주택으로 정책을 선회하고 있으며, 싱가포르는 처음부터 지금까지 분양 주택 정책을 일관되게 고수하고 있다는 사실을 서울시는 참고해야 한다.

바람직한 임대주택 제도

바람직한 임대주택 제도란 가능한 많은 사람을 임대주택에서 살지 않게 만들어주는 것이라고 생각한다. 그럼에도 불구하고 꼭 임대주택이 필요한 사람을 위해 정부가 나서서 일해야 한다면 정부가 직접 나서서 임대주택을 지을 것이 아니라 임대주택이 필요한 저소득층에 한해서 주택 임대료를 보조해 주면 된다. 즉 정부에서 지원해 주는 임대 보조금으로 자신이 살고 싶은 곳에 가서 월세 또는 전세로 살면 된다.

저 소득자들은 일을 찾아 거주를 옮기는 경우가 많다. 정부가 공급하는 임대 아파트는 저 소득자들이 필요로 하는 장소에 없는 경우가 대부분이다. 또, 한번 임대 아파트에 입주하면 이사를 할 수 없는 경우가 많다. 그래서 불법으로 재임대를 하거나 양도한다.

지금 현재 정부가 지은 임대 아파트 입주자의 상당수가 불법을 저지르고 있다고 보면 된다. 정부 기관에서는 이런 불법을 적발해 내기 위해 수시로 단속을 벌인다. 이런 행위는 역시 공짜가 아니다. 공무원을 더 뽑아야 하고 단속을 나가는 공무원에게 출장비를 지급해야 하기 때문이다.

반값 아파트의 실패가 의미하는 것

7

아파트의 이름이 '반값 아파트'다. 매우 매혹적인 이름이다. 하지만 뚜껑을 열자마자 국민이 외면했다. 결국 실패한 것이다. 이 실패를 놓고 정치권에서는 서로 책임을 떠넘기는 모습을 연출했다. 하지만 전문가들은 처음부터 반값 아파트의 존재를 인정하지 않았다.

앞서의 영구 전세 아파트에서도 말했지만 영구 전세 아파트든 반값 아파트든 그 가격이 시장 가격과 차이가 난다면 누군가가 그 차이만큼을 부담해야 한다. 즉 공짜는 없다는 것이다. 하지만 정치인들은 자꾸 공짜 점심이 있는 것처럼 말한다. 그리고 유권자들을 공짜 점심에 초대한다.

이 세상에 진정한 의미의 공짜가 있을까? 부모가 자식에게 베푸는 사랑을 제외하면 공짜는 없다고 보아야 한다. 가치 투자의 귀재 워렌 버핏은 자신이 벌어들인 돈의 상당액을 가난한 사람을 위해 기부한다. 그리고 그는 상속세를 폐지하자는 주장에 반대한다. 많은 사람이 그를 매우 훌륭하고 도덕적인 인물로 묘사한다. 맞다. 버핏은 훌륭하고 도덕적인 사람이다.

그런데 한 가지만은 분명히 알아야 한다. 미국의 보험 상품 중에 상속세보험이라는 것이 있다. 미리 상속에 대한 대비를 해놓지 못한 상태에서 갑작스럽게 죽음을 맞이할 때 보험 회사가 대신 상속세를 내주는 상품이다. 당연히 상류층의 부자들이 이 상품을 이용하며 인기 상품이다. 버핏은 이 상품을 운영하는 보험 회사에 투자했다. 버핏의 입장에서 상속세 폐지에 찬성해야 할까 반대해야 할까? 답은 너무나 당연하다. 상속세 폐지는 버핏에게 투자 손실을 의미한다.

이 세상의 모든 기부 행위 중 익명으로 이루어지지 않는 기부 행위는 반드시 목적성을 갖게 된다. 장기 전세 아파트와 반값 아파트의 가격이 시장 가격과 차이가 난다면 그 차이만큼은 누군가가 반드시 부담한다. 대부분의 경우 시민이 세금으로 부담한다. 즉 시민들이 세금을 통해서 장기 전세 아파트와 반값 아파트 입주자에게 기부 행위를 하는 것이다.

시민은 불특정 다수다. 따라서 기부 행위의 주체가 드러나지 않는다. 정치인들은 이것을 이용한다. 지나가는 사람에게 커피를 무료로 나누어주고 커피 값을 세금으로 지불하는 것과 다름이 없다. 물론 커피를 무료로 나누어주는 사람은 다음 번 선거에서 표를 얻을 수 있다.

진정한 컨트리클럽을 만들자

8

산업혁명 이후 영국은 많은 농산물을 식민지에서 들여왔다. 당연히 영국 농민들은 자신이 재배한 농작물을 시장에 내다 팔 수 없었다. 식민지에서 수입된 농작물보다 가격이 훨씬 비쌌기 때문이다. 농민들은 컨트리클럽을 만들었다. 농지를 소유한 농부들이 각자 자신이 소유한 농지에 투자해 골프장을 만든 것이다. 이들은 자신의 컨트리클럽을 방문해 골프를 즐기는 골퍼들에게 자신들의 농장에서 생산된 농산물을 조리해 식사로 팔았다. 이것이 우리가 골프장을 컨트리클럽이라고 부르게 된 이유다.

아직도 영국과 프랑스에는 지역 주민이 클럽 형태로 운영하는 진정한 의미의 컨트리클럽이 많다. 이런 골프장에서 어른들은 골프를 즐기고 아이들은 골프장 옆 농장에서 양과 함께 뒹굴면서 논다. 물론 클럽하우스에서는 농장에서 생산된 농산물과 축산물로 만들어진 음식을 판다. 우리는 관광 농업이라는 용어를 자주 듣는다. 농사를 지으면서 관광객을 유치하려는 발상에서 나온 말이다. 그런 의미에서 골프는 관광농업의 제일 확실한 소재가 아닐 수 없다.

2007년 부총리가 '반값 골프장'을 만들자는 주장을 했다. 농지에 골프장을 만들면 골프장 사용료를 반값으로 줄일 수 있고 그렇게 되면 해외로 골프를 즐기러 나가는 많은 사람을 국내 골프장으로 유치할 수 있다고 생각한 것이다.

부총리의 제안에 대하여 회의적인 두 가지 시각이 있다. 첫째, 우리나라 사람들은 농지를 절대적으로 보존해야 할 신성한 것으로 생각한다. 둘째, 사람들이 해외로 골프 여행을 나가는 이유는 국내에 골프장이 없어서가 아니라 골프장에 매겨지는 세금 때문이라는 주장이다.

먼저 농지를 절대로 훼손해서는 안 될 신성한 것으로 여기는 주장에 대해 살펴보자. 지금까지 우리는 많은 비용을 들여가면서 산지를 깎아 골프장을 만들었다. 즉 산림보다 농지를 더 소중하게 생각한 것이다. 과연 앞으로도 계속해서 농지가 산지보다 더 가치가 있을까? 2000년 이후 탄소 배출권에 관한 논의가 활발하게 이루어지고 있다. 즉 지구 온난화 방지를 위해 지구에서 배출되는 이산화탄소를 줄이고자 국가별로 화석 연료 사용량을 할당하고 이 할당량을 사고 팔 수 있게 하는 제도다.

이와 더불어 지구의 허파인 아마존 강 유역의 밀림을 보존하기 위해 숨을 쉬는 지구촌의 많은 사람이 돈을 내야 한다는 주장이 제기되고 있으며, 그 구체적인 실행 방법까지 검토되고 있다. 즉 전 세계 사람들로부터 돈을 거두어 산소를 생산하는 국가의 국민에게 산소사용료를 납부하자는 것이다.

머지않아 이런 산소사용에 관한 개념은 국내에서도 적용될 것이다. 즉 산지를 갖고 있지 않은 사람들은 돈을 내서 산지를 갖고 있는 사람에게 산소 사용료를 내게 될 것이다. 공기를 돈 주고 산다는 이야기가 다소 황당하게 들리겠지만 우리는 마시는 물을 돈 주고 사는 것에 익숙해지는 데 오랜 시간이 걸리지 않았다는 사실을 상기할 필요가 있다. 오히려 물을 돈 주고 사는 것보다 공기를 돈 주고 사는 것이 기술적으로 더 간단하다. 국가가 세금을 거두어서 산지 소유자에게 산림 유지에 필요한 보조금을 지불하는 것이다.

이런 방법은 더욱 더 정교하게 발전할 수 있다. 예를 들면 위성으로 전국의 산을 촬영하고 산림의 녹화율에 따라 보조금을 차등 지급하는 방법이다. 앞으로는 농지를 소유하는 것보다 산림을 소유하는 것이 더 부가가치가 높을지도 모른다.

또 많은 사람이 농지를 신성하게 여기는 이유 중 하나는 '식량안보론' 이다. 즉 다른 나라들이 식량을 무기화할 것에 대비해 농지를 확

보하고 있어야 한다는 것이다. 그럴듯한 주장이다. 그런데 약간만 각
도를 달리해서 생각해 보자. 골프장은 초지다. 공장용지와 주택지가
아니다. 언제든지 잔디를 갈아엎고 씨를 뿌리면 논과 밭으로 전환이
가능하다.

컨트리클럽을 허가해 줄 때 세 가지를 조건으로 허가하면 된다. 첫
째, 골프장 내에 콘크리트 등을 이용해서 만든 견고한 구조물 만들지
말 것. 둘째, 골프장 내에 수로를 확보할 것. 셋째, 정부가 명령하면
즉시 농지로 전환할 것. 이렇게 세 가지 조건만 제대로 이행한다면
서울 근교의 농지를 골프장으로 전환하지 못할 이유도 없다.

농민들은 농지를 외지인에게 판 것이 아니고 컨트리클럽에 빌려
준 것이다. 소유권은 각자 농민이 보유한다. 만약 식량 위기가 닥치
면 정부의 명령으로 즉시 논과 밭으로 전환이 가능하다. 허가 당시
에 미리 논과 밭으로 바꾸는 데 필요한 비용을 예치시켜 놓도록 하
면 된다.

18홀 골프장을 만들려면 99~132㎡ 정도의 땅이 필요하다. 그런데
이런 골프장들이 수도권에 즐비하게 있다고 생각해 보자. 유사시에
이 골프장을 다시 논과 밭으로 전환시키면 비행기로 씨를 뿌려야 할
정도로 넓은 면적으로 농지가 정리될 수 있다. 수로를 확보해 놓았기
때문에 논으로 전환하는 데 문제가 없다. 좀 더 멀리 생각하면 정부
가 컨트리클럽을 허가하는 것은 추후에 비행기로 씨를 뿌릴 수 있는
농지가 탄생한다는 것을 의미한다. 그렇게 하면 정부는 비용을 들이

지 않고도 엄청난 규모의 농지를 경쟁력 있게 만들 수 있다.

기왕 이야기가 나왔으니 식량의 무기화에 대해 조금 더 언급한다. 많은 사람이 식량의 무기화를 막연하게 걱정한다. 하지만 한마디로 말해서 쓸데없는 걱정이다. 예를 들어 미국이 쌀을 무기화하려면 중국과 베트남 등에서 생산되는 전 세계의 쌀을 대량으로 사들여 매점매석을 해야 한다. 그런데 쌀을 매점매석하려면 엄청난 창고가 필요하고 그 비용 또한 무시할 수 없다. 즉 식량의 무기화는 기술적으로 불가능하다.

그럼에도 불구하고 새만금 간척지 등을 농지 이외의 목적으로 사용하자는 주장이 나오면 농림당국은 식량의 무기화 운운하며 반대한다. 백번 양보해 농림당국의 주장이 옳다고 가정하자. 즉 농림당국자가 진정으로 국민의 식량안보를 걱정하고 있다면 지금 이러고 있을 때가 아니다. 중국, 몽고, 러시아, 남미 등지에 가서 국가 예산으로 농지를 사고 공무원을 보내 쌀 농장을 만들어야 한다.

세계 각국은 에너지확보를 위해 세계 여러 나라에 가서 유전을 개발하고 있다. 그런데 그런 나라들도 식량 확보를 위해서 다른 나라에 가서 농사를 짓지 않는다. 그럴 필요가 없는 것이다. 전 세계적으로 농산물은 과잉 생산되고 있다. 미국의 경우 슈퍼마켓에 진열되었던 먹을거리들의 반은 쓰레기로 버려진다. 아프리카 등지에서 굶어죽는 사람들은 양의 문제가 아니라 유통의 문제에서 발생한다.

이렇게 우리는 농지의 전용에 대해 객관적이지 못하면서도 막연한 거부감을 갖고 있다. 필자는 여기서 태극기에 대해 말하고자 한다. 우리나라 사람은 태극기를 신성하게 여긴다. 당연히 올바른 일이라고 생각한다. 그런데 너무 신성하게 여기다 보니까 두려워하는 사람들도 있다. 방송사에서 미술 부분에 종사하는 사람들이다. 솔직히 말해서 우리나라 태극기는 그리기가 쉽지 않다. 시간에 쫓기는 방송 미술 근로자들은 가끔 태극기의 위치를 바꾸어 배치한다. 그런가 하면 통일 업무와 관련 있는 모 장관도 태극기를 잘못 달아서 신문에 난 일이 있다. 그런 저런 이유로 태극기를 다루는 사람들은 태극기를 두려워하고 있다.

그런데 올림픽에 출전한 미국 체조 선수들은 성조기를 팬티로 만들어 입고 나왔다. 영화 록키를 보면 권투 경기를 하는 선수들이 뛰고 있는 링의 바닥에 성조기가 그려져 있다. 즉 성조기를 밟으면서 경기를 하는 것이다.

우리나라도 월드컵을 계기로 태극기에 대한 인식이 많이 달라졌다. 태극기를 치마 위에 걸치고 다니는 젊은이들을 많이 목격했다. 지금까지 신성하게만 여겨졌던 태극기가 이제는 많이 친숙해진 것이다. 필자는 태극기와 우리나라의 농지는 비슷한 점이 많다고 생각한다. 우리는 지금까지 태극기는 하늘 높이 또는 실내 벽면의 높은 곳에만 걸어 두어야 하는 것으로 생각해 왔다.

마찬가지로 농지를 너무 신성하게 여기는 나머지 농지에서는 반드시 쌀과 배추를 생산해야 하는 것으로 여겨왔다. 그래서 농민이 소득을 높일 수 있는 방법이 있는데도 이를 막아왔다. 그러나 우리가 보호해야 할 것은 농지가 아니라 농지를 이용해 생계를 꾸려나가는 농민이다.

우리나라는 WTO와 FTA등으로 인해 농민들이 소득에 많은 영향을 받을 것으로 예상된다. 그런데 이제는 국민의 세금으로 농민에게 보조금을 줄 수 없게 됐다. 필자는 농민들이 농지를 팔지 않고 또 언제든지 작물을 생산해 낼 수 있는 시스템을 유지하면서 농민들의 소득을 높여줄 수 있는 방안 중 하나는 농지에 골프장을 허가해 주는 것이라고 생각한다. 그리고 이런 일이 가능하도록 농협과 같은 기관에서

[표 8-1] 농지 얼마나 필요한가

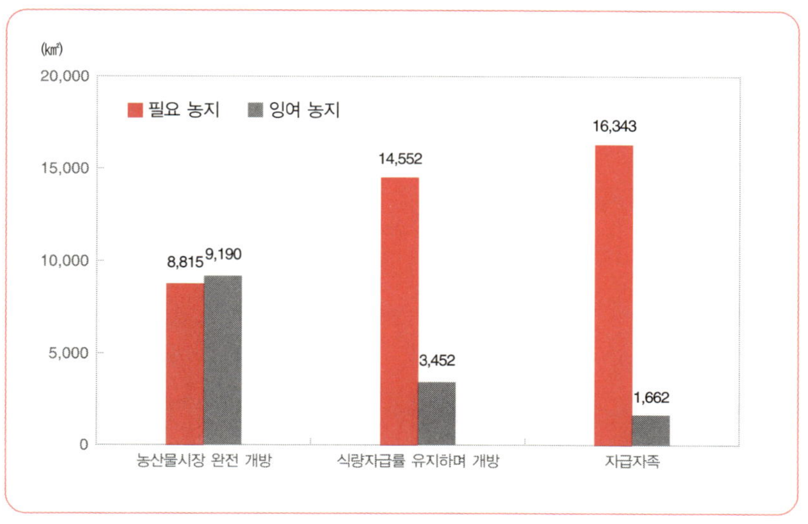

출처: 농림부

적극적으로 나서야 한다고 생각한다.

[표 8-1]은 농림부가 발표한 자료다.

농산물 시장이 완전히 개방되면 필요 없는 농지는 9,190㎢인데 반해 필요한 농지는 이보다 적은 8,815㎢ 임을 이 표는 보여준다. 즉 농산물 시장이 완전히 개방된다면 현재의 농지를 절반 이하로 줄여야 한다는 것이다. 만약 농지를 줄이지 않으면 어떻게 되는가? 유쾌한 이야기는 아니지만 도시 근로자들이 세금을 더 내야 한다.

[표 8-2]는 최근 수년간 정부가 대신 갚아준 농가 부채의 수치다. 정부가 갚아주었다는 표현을 직설적으로 바꾸면 도시 근로자들이 월급

[표 8-2] 정부가 대신 깊아준 농가부채

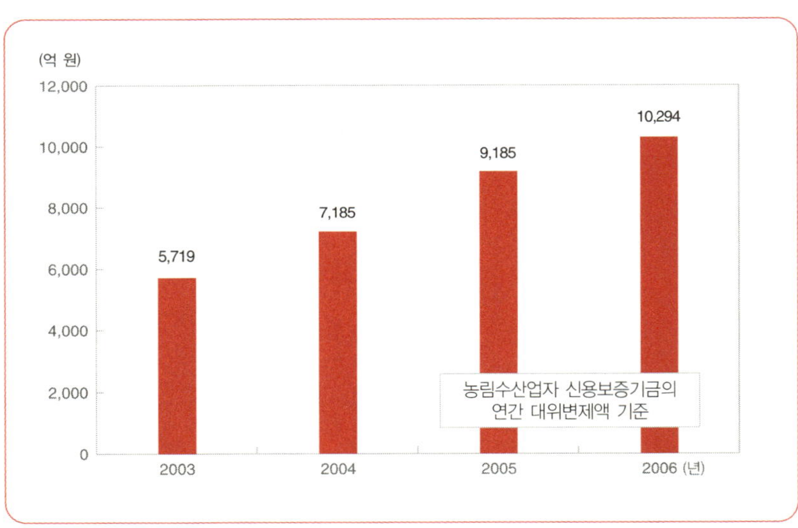

출처: 농림부

봉투에서 돈을 꺼내서 농어민들에게 주었다는 것이다. 농산물 시장은 점점 더 개방돼 가고 있다. 우리가 농지를 막연히 신성하게 여기면서 그대로 끌어안고 가는 대가는 절대로 공짜가 아니었다. 또한 앞으로 그 대가는 더 혹독해질 것이라는 사실에는 의심의 여지가 없다.

부총리가 제안한 '반값 골프장'에 대한 일반적인 두 번째 반응은 다음과 같다. 부총리는 번지수를 잘못 잡았다는 것이다. 즉 우리나라의 골프장 사용료가 비싼 이유는 골프장 부족보다는 골프장과 골퍼들에게 부과되는 세금 때문이라는 것이다. 따라서 지금 당장이라도 골프장에 대한 각종 세금을 인하해야 한다는 것이다.

아래의 글은 〈레저신문〉 이종현 편집국장이 인터넷을 통해 발표한 글이다.

"전국 골프장은 오르는 인건비와 세금을 내기 위해 그린피를 계속 올리고 있지만 그렇잖아도 세계에서 가장 비싼 그린피라는 비난을 받고 있어 더 이상 올리기에는 한계가 있다. 설상가상으로 일부 수도권 골프장을 제외하고 전국적으로 홀당 평균 내장객은 매년 줄어들면서 수지구조가 악화되고 있다. 전체 내장객 수는 매년 늘고 있지만 골프장 수가 더욱 빨리 증가한 탓이다. 이제 골프장은 흑자가 아닌 적자를 걱정해야 한다."

2006년 국내 골프장을 찾은 사람들은 총 2,000만 명이었다. 국내 골퍼는 300만 명에 이르는 것으로 추산된다. 물론 그동안 골프장의 수익성은 일반 기업보다 좋았다. 일반 기업의 매출액 대비 이익률이 5~10% 내외일 때 골프장 이익률은 18~25%까지 보장됐다. 이제는 어림없다.

국내 골프장 경영을 옥죄는 것은 우선 세금이다. 세무 전문가들조차 한국에서 특정 종목에서 가장 많은 세금을 부과하는 것이 골프와 자동차라고 말한다. 1976년 정부가 골프에 '사치성 운동'이란 꼬리표를 달아 특별소비세를 부과하기 시작했다. 일본이 먼저 특소세 명목으로 골프장에서 세금을 징수하자 한국 정부도 여기서 힌트를 얻어 30년이 지난 지금까지도 특소세를 받아내고 있다. 그러나 일본은 이미 골프를 대중스포츠로 인정하고 특소세를 폐지했다. 일본은 골퍼와 국민이 골프에 대한 특소세 징수는 위헌이라고 소송을 제기했고, 패소함에 따라 결국 특소세를 없앴다.

그러나 한국은 30년간 받고 있는 골프 특소세를 없애겠다는 의지가 없다. 오히려 골프와 관련해서 세금 종류를 새롭게 만들고 있다. 1976년 특소세를 부과할 때 함께 적용했던 스키, 볼링 등은 관련 세금이 폐지 됐는데도 유독 골프만 지금까지 다양한 구실로 정부의 배를 불리고 있다.

골프장에 부과되는 세금 종목을 살펴보면 '세금공화국'이란 말이 실감날 정도다. 먼저 그린피에 부과하는 각종 세금을 보자. 특소세가

1만 2,000원, 교육세가 3,600원, 농어촌세가 3,600원, 체육진흥금 3,000원, 부가세 10%(약 2,300원)를 포함하면 2만 5,000원이 고스란히 그린피에서 빠져 나간다.

골프장의 세금은 여기서 끝나지 않는다. 보유세(재산세, 종합부동산세) 등이 별도로 부과돼 골프장에서 내는 그린피 안에 세금은 직·간접세를 포함해 약 8만~9만 원으로 늘어난다. 이러다 보니 20만 원의 그린피에서 세금으로 나가는 비용이 47%를 차지해 골퍼들은 출입할 때마다 약 9만 원의 세금을 내는 셈이다. 만약 9만 원이란 세금이 없다면 골퍼들은 지금보다 50% 정도 저렴하게 골프를 칠 수 있다. 운동장 시설인 골프장에서 9만 원의 세금을 내고 운동을 한다는 것은 억울한 일이 아닐 수 없다.

또 2005년 1월 1일부터는 골프장 부지 소유에 따른 보유세를 신설해 매년 골프장에서 세금을 걷고 있다. 그것도 매년 과표율을 20% 이상씩 크게 높여 세금 액수를 엄청나게 높이고 있다. 한 예로 수도권에 위치한 어느 골프장의 경우 2004년 17억 원이었던 세금이 2005년엔 21억 4,000만 원으로 올랐고 2006년엔 30억 원이 부과됐다. 또 다른 골프장의 경우도 2005년 16억 원이던 세금이 2006년엔 28억 원으로 올랐다. 매년 20~30%씩 세금이 오르고 있는 셈이다. 이에 따라 수도권 주변 골프장의 세금 부담은 매년 2배 이상 가중되고 지방 골프장도 최소 1.5배 이상 올라 자칫하다간 골프장이 애물단지가 될 수 있다. 지금 골프장은 세금 폭탄을 맞고 있는 것이다.

　이런 상황에서 골프장의 정상적인 운영은 누구도 장담할 수 없다. 다행히 아직까지 수도권 골프장은 많은 세금을 내고도 편리한 지리적 이점 때문에 내장객이 계속 늘어 흑자를 내고 있다. 하지만 수도권 골프장도 앞으로는 흑자를 장담할 수 없다. 수도권에서 순익이 제일 높은 A골프장(72홀)은 2005년 120억 원의 흑자를 냈다. 직원에게 200% 특별보너스를 지급했고 성과급까지 넉넉하게 줬다. 또한 불우이웃돕기 성금으로 2억 원을 내놨다.

　그러나 2006년 들어 지난해보다 순익이 25억 원 줄어들었다. 내장객은 지난해보다 늘어났고 전체 매출도 늘었다. 하지만 40% 이상 늘어난 세금과 인건비가 결국 이익을 줄인 것이다. 이 추세대로라면 앞으로 4년 후엔 골프장 운영이 적자로 돌아설 수 있다는 계산이 나온다. A골프장은 퍼블릭을 포함한 종합리조트 골프장인데도 4년 후가 불안하다면 전국의 골프장이 모두 적자 운영에서 예외일 수 없다.

　일반 골퍼는 골프장이 그린피를 비싸게 받고 있다는 비난을 강하게 쏟아내고 있다. 하지만 정작 그린피 안에 47%의 세금이 있다는 사실은 잘 모른다. 오죽하면 경기도 용인권의 한 골프장 사업자는 "세금 폭탄 때문에 퍼블릭 전환도 고려하겠다"고 말해 골프장 운영의 어려움을 드러내기도 했다.

　국내 골프장 운영을 어렵게 하는 것은 비단 세금만이 아니다. 골프장의 인건비 부담도 적자 운영을 부추기고 있다. 국내 골프장 직원은 외국에 비해 무려 3배 이상 많은 것으로 나타났다. 미국 골프장의 경우 종사 인원이 18홀 기준당 20명 내외다. 하지만 국내 골프장은 70명이나 된다. 대부분의 골프장이 명문을 지향, 고객 서비스 만족을 강화하면서 인원 채용이 많아질 수밖에 없으며 시설 투자를 과감하게 하고 있기 때문이다. 가중되는 경쟁에서 이기기 위해 차별화 전략을 하지 않으면 살아남을 수 없다는 위기의식에서 비롯된 현상이다.

여기에 2007년 7월부터 종업원 50명 이상의 기업체는 주5일 근무제를 의무적으로 실시하고 있다. 따라서 정기 급여 인상분 외에 인건비 부담은 더 가중될 것으로 보인다. 이로 인해 앞으로 약 15% 가량 인건비 부담이 늘어날 전망이다. 또한 전국 3만 명에 달하는 캐디가 정규직으로 바뀌게 되면 골프장당 4억 원 정도의 세금을 더 내야 하기 때문에 이래저래 골프장은 들어오는 수입보다 나가는 비용이 많아질 수밖에 없다.

설상가상으로 1990년대 이후 개장한 골프장은 곧 회원권 반환 요구 시점이 돌아오고 있어 바짝 긴장하고 있다. 만약 회원이 요구하면 약 300억~400억 원 이상의 돈을 돌려줘야 한다. 물론 아직까지 회원의 회원권 반환 요구는 없다. 하지만 경기가 나빠지고 골프장 운영이 좋지 않으면 반환요구 가능성은 충분히 예상된다. 일본 골프장이 몰락한 이유 중 하나가 경기침체로 회원권 반환 청구가 쏟아졌기 때문이다. 이로 인해 일본 내 골프장의 50% 이상이 줄 도산했고 회원권 가격이 0원으로까지 떨어지는 최악의 사태가 불과 10년 전에 발생했다.

이 같은 상황 속에서 이미 지방 골프장 경영에는 빨간불이 들어온

상태다. 그동안 수도권 골프장과 지방 골프장은 똑같은 그린피와 시설, 인원으로 운영돼 왔다. 골프장 공급이 수요를 따라주지 못했기 때문에 가능한 일이었다. 그러나 이젠 수도권의 골프장이 250개로 늘어났고 곧 300개가 된다. 머지않아 400개로 늘어날 것으로 보여 서울의 골퍼가 같은 비용을 주고 멀리까지 가서 플레이를 할 필요성이 없어졌다.

제주도를 비롯해 영·호남 지역에는 이미 적자로 돌아선 골프장이 많다. 지방 골프장은 매년 매출이 5%에서 10%까지 줄어들고 있다. 제주도의 경우 2005년과 2006년 단 한 곳도 흑자를 낸 골프장이 없다. 제주도의 한 골프장은 2006년 원형보전지(골프장 부지의 20%는 원형 그대로 보존해야 함)에 대한 종부세로 5억 4,000만 원을 부과 받았다. 제주도 내 18홀 기준 골프장 일년 내장객이 보통 3만~4만 명으로 수도권(8만~ 9만 명)의 절반에도 미치지 못하는 점을 감안할 때 살아남는다는 것은 기적에 가깝다. 강원도와 충청 지역도 최근 신설 골프장이 크게 늘면서 제주와 영·호남처럼 골프장 운영에 위기감이 고조되고 있다.

그 결과 지금 국내 골프장은 적자생존을 위한 치열한 경쟁을 벌이고 있다. 황금 알을 낳는 거위에서 이젠 생존여부를 걱정하는 처지가 된 것이다. 이미 국내 골프장 업계에서는 도산이냐, 살아남느냐 하는 총성 없는 전쟁이 시작됐다.

지방 골프장과 수도권의 일부 골프장은 그린피 차별화, 인원의 효율화, 노캐디 시스템을 적극 도입해서 적자 운영을 반전시키기 위해 안간힘을 쓰고 있다. 경기도 여주권만 하더라도 그린피가 8만 원대에서 20만 원대까지 다양해지고 있다. 골프장 운영의 차별화가 실현되지 못하면 경쟁에서 탈락해야 하기 때문이다. 각 골프장은 또 '주중 회원 모집' '코스 내 택지개발' 등을 통해서 자금을 확보하려는 움직임도 보이고 있다. 뿐만 아니라 문화콘텐츠 개발을 통한 골프장 차별화로 기존 내장객을 뺏기지 않으려고 비지땀을 흘리고 있다.

그러나 골프 산업 관계자들은 더 근본적으로 정부가 골프장과 함께 상생하는 행정력을 보여줘야 한다고 입을 모으고 있다. 골프장과 정부 둘 다 '윈-윈' 하기 위해서는 무엇보다 정부 측에서 세금 징수와 각종 규제를 완화해 줘야 한다는 것이다. 한 골프 산업 전문가는 "정부가 계속 높은 세금만 고집하다가는 골프장도 정부도 동반 몰락한다"면서 "골프가 국민의 사랑을 받고 최경주, 박세리 같은 세계적 선수를 계속 배출하기 위해서라도 정부의 세금 정책과 행정 규제를 과감하게 개선해야 한다"고 지적했다.

지금 한국 골프는 세계적 수준에 올라서 있고 대중에게 최고의 인기를 받는 스포츠가 돼 있다. 세계무대를 정복하며 국위를 선양하는 몇 안 되는 종목 중 하나다. 골프는 이미 스포츠 대중화를 넘어서 국가의 미래 산업으로까지 평가 받고 있다. 몇 년 전 이헌재 전 부총리는 골프장 허가를 많이 내줘 골프를 국가 산업으로 키우겠다고 공언

한 바 있다. 그 일환으로 다양한 행정 규제를 완화하겠다고 했다. 하지만 실제로 골프장을 건설하고 있는 사업 관계자들은 "행정 절차가 예전보다 오히려 더 까다로워졌다"고 하소연하고 있다. 특히 정부 측에서 퍼블릭 골프장을 많이 조성하겠다고 했지만 실무진 선에서는 업무협조가 제대로 되지 않아 시일이 더 걸리는 것으로 나타났다.

골프장이 대중화되고 살아남기 위해서는 특소세 폐지, 국민체육진흥기금 징수 폐지, 공시지가 상향조정 완화 및 재산세·취득세 인하 등이 절실한 시점이라고 전문가들은 강조하고 있다.
특히 지역적으로 제주도는 골프를 통해 외국 관광객 유치와 외화

[표 8-3] 국가별 한국 골프관광객 수와 해외 골프관광객 지출내용

(단위: 명)

● 국가별 한국 골프관광객 수

국가	2004년	2005년	2006년
중 국	37만 9,100	46만 3,100	48만 8,200
태 국	7만 1,900	6만 5,300	9만 2,100
필리핀	3만 8,600	4만 6,400	5만 5,100
합 계	48만 9,600	57만 4,800	63만 5,400

● 해외 골프관광객 지출 내용

연도	골프관광객	1인당 지출액	총 지출액
2003	35만 6,300명	1,836달러	7,798억 원
2004	48만 9,600명	1,754달러	9,828억 원
2005	57만 4,800명	1,859달러	1조 941억 원
2006	65만 5,400명	1,862달러	1조 1,402억 원

출처: 한국관광공사, 한국 골프장 경영 협회

벌이의 첨병이 돼야 한다고 지적한다. 미국 하와이 관광산업의 90% 가 골프 비즈니스와 관련 있는 것처럼 제주도 역시 적극적인 정부의 지원 하에 '국제 골프 섬'으로 변모해야 한다는 것이다.

그러나 높은 세금에 따른 비싼 그린피 때문에 1년에 100만 명이 넘는 골프 관광객이 해외로 빠져 나가고 있다. 더 심각한 것은 그린피 20만 원을 아끼려고 해외로 나간 골퍼들이 해외에서 골프 외에 쓰는 비용이 갑절이나 더 된다는 것이다. 심각한 외화유출이 아닐 수 없다.

또 계속되는 세금 가중은 골프장 파산으로 인한 환경 및 사회 문제까지 야기할 수 있다. 골프장이 파산하면 정부도 세금을 받지 못하게 된다. 이보다 더 중요한 것은 앞으로 골프를 건전한 레저스포츠로 즐겨야 할 국민의 권리가 박탈당하는 것이라고 골프산업 전문가들은 우려하고 있다.

대운하 마라톤 골프장과 새만금 바지선 골프장

9

등산을 좋아하는 사람들은 '백두대간 산행' 종주에 도전해 보고 싶은 욕망을 갖고 있다. 백두대간은 백두산에서 시작한 우리나라의 산이 동쪽 해안선을 끼고 남으로 맥을 뻗어 내리다가 태백산을 거쳐 남서쪽의 지리산에 이르는 국토의 큰 줄기를 이루는 산맥을 말한다. 따라서 백두대간은 한반도의 자연적 상징이며 동시에 한민족의 기반이 되는 산줄기라고 할 수 있다.

1988년 대학생 49명으로 구성된 젊은 산악인들이 자신들의 백두대간 종주기를 아마추어 산악인들에게 소개하면서 백두대간 산행의 붐이 일기 시작했다. 물론 산행은 한반도의 남쪽 구간에서만 이루어진다. 젊은 사람들이 남쪽구간만 완주하는 데도 60일 정도는 걸린다. 따라서 직장인들이 주말마다 시간을 내서 구간 구간을 이어가며 백두대간 산행을 완료하려면 약 2년 정도는 필요하다.

2007년 대선 후보 중 한 사람이 발표한 대운하 계획에 대해 찬성과 반대 의견이 무성하다. 대운하 계획을 공약으로 발표한 후보가 대선에서 성공한다면 운하는 공사를 시작하게 될 것이고 반대하는 후보가 집권하면 대운하 공사는 착공하기 어렵다고 보아야 한다. 만약 대운하 공사가 시작된다면 운하를 따라 스포츠 벨트가 만들어졌으며 한다.

예를 들면 운하를 따라 서울에서 부산까지 골프장을 연속적으로 만드는 것이다. 어차피 운하 주변에는 경관을 위해 녹지를 만들어야 할 테니까 기왕에 조경 공사를 한다면 골프장 건설을 제안한다. 서울에서 부산까지 운하를 따라 약 450㎞를 모두 골프장으로 만들면 수천 홀 정도의 골프코스가 될 것이고 이것은 아마 전 세계에서 가장 긴 골프장일 것이다. 서울에서 부산까지 골프를 치면서 가려면 서너 달 정도는 걸리지 않을까 생각한다. 따라서 골프장 중간 중간에 숙박 시설이 만들어져야 할 것이다. 숙박 시설을 중심으로 해당 지역의 농산물과 특산품을 파는 장터와 향토 문화 상품을 공연하는 공연장도 만들어지면 지역 경제 활성화에 도움이 될 수 있을 것이다.

고속도로를 따라 산업벨트가 만들어진 것처럼 운하를 따라 문화벨트가 만들어지기를 기대한다. 최근 한류 열풍에서 보았듯이 문화 상품은 매우 부가가치가 높은 상품이다. 마케팅만 잘하면 마라톤 골프장은 많은 관광 수익을 창출할 수 있다. 예를 들면 "골프 황제 타이거 우즈는 마라톤 골프 대회에서 우승할 수 있을까?"라는 제목의 골프 대회를 만들어보는 것이다.

새만금 간척지의 활용 방안에 대해 많은 논란이 있다. 필자는 개인적으로 새만금 간척지의 대부분을 농지로 사용하는 것에 찬성하지 않는다. 쌀농사보다는 관광 사업이 더 수익성이 높기 때문이다. 간척지를 만들기 위한 새만금 방조제의 마지막 물막이 공사가 우여곡절 끝에 간신히 끝났다.

농지나 대지를 만들려면 물을 담수화하고 복토를 하는 등 오랜 시간이 필요하다. 농지를 만들든 대지를 만들든 새만금 사업지를 활용하려면 앞으로 상당 기간을 더 기다려야 한다. 활용을 하지 못하고 기다리는 이 시간은 경제적으로 손실이다. 이 손실을 최소화하는 방법을 제안한다. 바지선 골프장을 만드는 것이다.

먼저 수백에서 수천 개의 바지선을 만든다. 바지선의 크기는 다양하다. 한 홀당 7~8개의 바지선이 필요하다. 우선 티샷을 할 수 있는 '티박스 바지선'이 필요하고, 필드를 대신할 수 있는 여러 개의 '필드 바지선'이 있어야 한다. 그리고 마지막으로 홀 컵에 공을 넣기 위한 '그린 바지선'은 필수적이다. 골퍼들은 이동할 때 모터보트를 이용한다. 일반 골프장에서는 이동할 때 골프카터를 이용한다. 새만금에서는 골프카터 대신에 골프 모터보트가 사용되는 것이다. 물론 이 골프장에서 골프를 즐기려면 공을 많이 준비해야 한다. 한 홀당 10개 이상씩은 필요할 것 같다.

골프 라운딩이 끝나면 스쿠버 샤워코스가 기다린다. 간단한 스킨스쿠버 장비를 착용하고 안내인을 따라 물속을 유영한다. 물론 호수 바닥에 떨어진 골프공을 줍는 것은 당연하고 물속에서 물 밖의 골퍼들이 라운딩하는 모습을 구경할 수도 있다. 스킨스쿠버는 생각보다 어렵지 않다. 필리핀에서는 수영을 못하는 초보자 관광객을 안내인이 쉽게 물속으로 유도하여 스킨스쿠버를 즐기게 한다.

전 세계에서 가장 위험한 골프장이 우리나라에 있다. 판문점에는 유엔군이 만들어 놓은 골프 퍼팅장이 있다. 퍼팅장 옆에 다음과 같은 팻말이 서 있다. '이곳은 지뢰지대임으로 출입을 금함' 통일이 되면 골프를 즐기는 사람들에게 이 판문점 골프장은 매우 인기가 있는 관광지가 될 것이다.

물론 지뢰를 제거해서는 안 된다. 지뢰밭 속의 골프장! 타이거 우즈를 초청하면 어떨까? 아마 그는 제일 먼저 올 것이다. 왜? 그는 스타니까.

그린벨트에 대해

10

1971년에 도입된 그린벨트는 총 34개 도시 지역에 걸쳐 5,300㎢로서 전국토의 5.4%에 해당된다. 인구로는 28만 가구(전 인구의 2.2%인 100만 명)에 해당된다. 도시의 무질서한 확산을 방지하고, 도시 주변의 자연 환경을 보전해 도시민의 생활환경을 확보하는 동시에 보안상 도시개발을 제한할 필요가 있다고 판단될 때 해당 지역을 그린벨트로 지정한다.

즉 그린벨트를 지정하는 목적을 크게 말한다면 첫째는 도시의 확산방지고, 둘째는 안보 때문이다. 하지만 두 번째 이유인 안보 때문에 지금까지 그린벨트 제도를 유지하고 있다고는 생각되지 않는다.

따라서 그린벨트 제도가 현재까지 유지되고 있는 목적은 도시의 확산방지다. 그렇다면 도시의 확산을 방지해서 우리가 얻는 이익은 무엇이고 그 이익을 위해 우리가 지불하는 비용은 얼마인가?

먼저, 그린벨트는 서울의 인구 증가 억제에 기여했는가? 이 질문은 다음의 질문과 동일한 질문이다. 수도권에 살면서 서울로 출퇴근을 해야 하지만 그린벨트에 막혀 직장을 포기한 사람이 얼마나 되는가? 독자들은 이 질문에 솔직히 답해보기 바란다. 과연 서울로 출근하거나 서울 사람과 사업상 접촉하려던 사람이 출근을 포기하거나 서울 사람과 비즈니스를 포기한 사람이 있을까? 있다면 이런 사람들의 숫자가 서울로 인구 유입을 막았다고 할 수 있을 정도로 많을까?

미리 결론을 말하면 그린벨트는 도시의 확산방지에 도움이 되지 않았다, 오히려 서울과 수도권 신도시 사이의 거리만 멀게 만들어 수도권 시민들을 불편하게 만들고 경제적인 낭비를 초래해 왔다.

[표 9-1]을 보자. 원래 그린벨트의 목적은 신도시 A, B, C, D의 주민들이 서울 안으로 출퇴근을 하지 못하도록 하는 것이었다. 지금 현재 그린벨트는 이런 역할을 하고 있는가? 전혀 아니라고 보아야 한다. 만일 아무런 규제가 없다면 신도시들은 가능한 서울에 접근하려고 할 것이다. 즉 그린벨트가 없었다면 A, B, C, D라는 신도시들은 현재의 그린벨트 안에 만들어 졌을 것이다. 결국 그린벨트는 필요 없었다는 결론에 도달한다.

[표 9-1] 그린벨트 때문에 확산된 신도시들

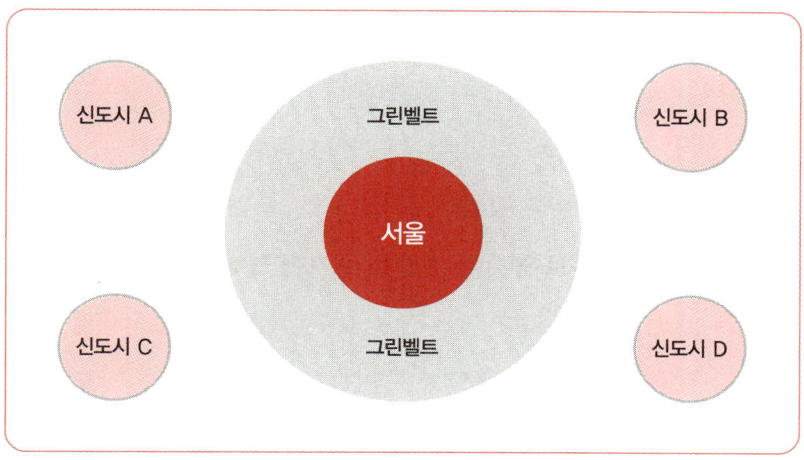

이처럼 그린벨트는 그동안 도시의 확산을 억제한 것이 아니라 오히려 도시를 확산시켰다. 도시의 확산에 따라 교통의 수요가 증가했으며 늘어나는 교통 수요를 맞추기 위해 많은 도로 등 인프라를 건설해야 했다. 그런데 그린벨트로 이익을 보는 사람들은 누구일까? 그린벨트 안에 토지를 갖고 있는 사람들이다.

경제학에서는 이것을 '그린벨트 효과'라고 말한다. 즉 모든 경쟁자는 그린벨트로 자신을 보호하려 한다는 것이다. 예를 들면 변호사들이 로스쿨의 정원을 제한해서 신규 변호사의 진입을 제한하려는 것과 같은 이치다.

많은 사람이 영국의 그린벨트를 예로 들어 우리나라에도 그린벨트가 필요하다고 말한다. 지구상의 수많은 국가 중 그린벨트가 있는 나라는 우리나라와 영국뿐이다. 영국 런던 시의 면적은 우리 서울의 4배나 된다. 그러니까 영국을 우리나라라고 가정한다면 분당까지는 서울이고 분당 이남부터 그린벨트가 시작된다고 보아야 한다.

그리고 런던의 주변은 평지다. 하지만 서울의 주변은 산이다. 영국에서는 그린벨트 내의 집값이 더 비싼 경우가 많다. 전원생활을 즐기려는 사람들이 그린벨트 안에서 살고 있다. 이 사람들은 그린벨트 해제를 반대한다. 그린벨트 내의 토지는 대부분 기업이나 개발회사 소유다. 개인 소유는 별로 많지 않다. 따라서 이들 주민은 자신의 쾌적한 삶을 위해 그린벨트 해제를 반대하는 것이다.

영국의 그린벨트 제도를 다시 한번 종합하면, 런던 시는 이미 그 자체만으로 도시 기능을 발휘할 수 있는 면적을 갖고 있다. 그리고 그 외곽에 그린벨트가 있다. 따라서 런던을 예로 들어 우리나라 서울 주변의 그린벨트를 합리화해서는 안 된다.

다음으로는 그린벨트를 유지하기 위한 비용을 살펴본다. 결론을 말하자면 공짜 점심은 없다는 것이다. 우리는 여기서 그린벨트라는 제도가 지불한 비용에 대한 놀라운 이야기를 기업인, 학자로부터 들을 필요가 있다.

외환위기가 발생하기 수개월 전, 정확하게 말하자면 대한민국 정부가 IMF에 구제 금융을 신청하기 10개월 전에 고(故) 최종현 회장이

김영삼 대통령에게 다음과 같은 건의를 했다고 한다. "지금은 경제 위기입니다. 경제 위기는 곧 국가 위기입니다. 외국에서도 비상사태 때는 대통령이 긴급 명령을 발표합니다. 이 권한은 대통령만이 갖고 있습니다. 긴급 조치를 취해 주십시오. 임금을 5년간 동결시켜 주시고, 금리를 국제 금리 수준 이하로 내려주십시오. 이걸 못하는 정책 담당자들은 다 물러나라고 하십시오."

우리는 여기서 매우 중요한 한 가지 사실에 대해 논의해야 한다. 최 회장의 말이 사실이라면 최 회장은 경제 위기가 머지않아 곧 닥치리라는 것을 간파했고 이 위기를 긴급 명령이라는 방법으로 막아달라고 대통령에게 건의했다. 그렇다면 최 회장은 어떤 근거로 외환위기가 닥치기 10개월 전에 우리나라 경제가 파국을 맞게 될 것이라고 예언했는가 하는 점이다. 최 회장은 1997년 초에 다음과 같은 말을 한 적이 있다고 한다.

"수출을 해서 경제를 일으켜야 하는 한국의 무역 적자가 1996년에 200억 달러를 넘어선 것은 국가비상 사태라고 할 수 있다. 무역적자를 줄이지 않으면 경제 위기를 벗어날 날 길이 없다. 아무리 생각해도 위기를 벗어나는 길은 무역적자를 줄이는 길밖에 없다. 금년이 되면서 기분이 우울해지기 시작했다. 노임과 금리가 높아서 기업의 경쟁력이 계속 떨어지고 있다. 기업이 계속 말라가고 있다. 지금은 기업의 경쟁력 향상에 총력을 기울여야 할 때다. 기업이나 경제의 성장을 위하여 저임금 정책과 저금리 정책을 펴는 수밖에 없다."

1999년 우리나라가 한창 IMF의 관리를 받고 있을 때 서울대학교 송병락 교수는 자신의 저서《우리나라가 세계에서 가장 잘사는 나라가 되는 방법》에서 우리나라가 외환위기 수년 전부터 임금이 급격하게 상승하게 된 이유는 그린벨트를 비롯한 지나친 건축규제 때문이었다고 말한다.

좀 더 설명하면 우리나라 서울에는 그린벨트 등으로 집을 지을 수 있는 면적이 제한적이었다. 정부는 서민주거 안정을 이유로 분양가를 규제했다. 때문에 건축업자들이 주택을 많이 지을 수 없었다. 그런데 수출이 잘 돼서 국민 소득이 높아졌다. 집에 대한 국민의 욕구는 폭발 직전이었다.

노태우 전 대통령은 서둘러 200만 호의 주택 건설을 지시했다. 전국의 땅값이 폭등했고 건설노동자를 구할 수 없을 정도로 여기저기서 아파트 공사가 이루어졌다. 임금이 천정부지로 뛰었다. 건설 인력의 임금 상승은 제조업체에도 영향을 미쳤다. 결국 수출채산성이 떨어졌고 1997년 말까지 약 200억 달러 정도의 무역적자가 발생했다. 결국 달러가 부족했고 위기 상황을 맞았다는 것이다.

놀라운 일은 그린벨트 제도가 시행된 이후 30년 가깝게 지났지만 그린벨트 제도의 효과에 대해 체계적이고 종합적인 평가가 한 번도 없었다는 점이다. 6.25 이후 남북 간에 그어진 군사분계선 이남의 비무장지대(DMZ)에 대해서는 여러 차례 생태환경조사 등이 이루어졌다는 점을 생각하면 도시를 둘러싸고 있는 그린벨트에 대한 우리의 생각은 DMZ보다 더 신성하거나 두려운 대상이었던 것 같다.

DMZ 라인의 변경과 DMZ 내의 시설물 설치는 우리 마음대로 할 수 없는 사항이다. 하지만 그린벨트는 엄연하게 우리의 주권이 자유롭게 미칠 수 있는 지역이다.

그동안 주무관청은 그린벨트를 DMZ화했다. 언론과 시민단체는 그린벨트가 한국의 허파인 것처럼 생각했다. 정치인들은 그린벨트 제도의 존폐를 자신의 지지표와 연관지어 판단했다. 일반인들은 막연히 그린벨트는 좋은 것이라고만 생각했다. 중요한 점은 누구도 도시적이고 경제적으로 접근하지 않았다는 것이다. 즉 우리는 중요한 국가의 공간 자원에 대해 연구하지 않은 것이다.

자원의 낭비는 비용의 지불과 연관된다. 비용은 누군가가 어떤 형태로든 부담한다. 그런데 비용 발생의 원인을 제거하지 않으면 비용은 계속해서 지출된다. 2001년 말부터 시작된 주택 가격의 폭등은 도시민들이 필요한 공간에 주택용지를 충분히 공급하지 않아서 비롯됐다. 필요한 공간이란, 도심의 용적률을 높이거나 도심에 붙어있는 지역을 의미한다.

그런데 우리는 도심의 용적률을 억제했으며 도심에서 붙어 있는 지역을 뛰어넘어 일부러 먼 곳을 개발했다. 따라서 도심과 지방 모두 땅값이 올랐다. 오른 땅값은 물가를 자극하고 물가는 임금의 상승을 유도한다. 임금의 상승은 수출채산성의 악화를 의미하며, 이것은 무역수지의 악화로 이어진다.

지금 우리가 이런 프로세스를 따라가고 있다는 사실에 동의하지 않는 사람은 거의 없을 것이다. 운전자는 사고방지를 위해 항상 방어운전을 해야 한다. 책임 있는 지도자라면 국가가 위기에 처하지 않도록 연구하고 고민해야 한다. 그리고 위기를 초래할 가능성이 있는 요인들을 과감하게 제거해야 한다.

오밀조밀 밀도가 높은 도시보다는 집이 듬성듬성 있는 전원도시가 좋은 것은 사실이다. 하지만 여기에는 전제가 있다. 모든 국민이 일을 안 해도 살 수 있을 만큼 한반도 땅에서 석유가 펑펑 나와야 한다. 자원이 없는 우리나라가 사는 길은 제조업과 서비스업을 발전시키는 일이다. 제조업과 서비스업의 기본은 효율성이다. 조금은 불편해도 오밀조밀 살아야 한다. 누구든 넓은 땅에서 쾌적하게 사는 것을 마다할 사람은 없다.

하지만 현실을 직시해야 한다. 우리를 먹여 살리는 제조업과 서비스업은 국제적인 경쟁을 하고 있다. 최근 수출은 늘어나는데 수출채산성은 악화돼 가고 있다. 수출 원가를 낮출 수만 있다면 그린벨트 제도도 하루 빨리 검토돼야 한다. 왜냐하면 그린벨트는 DMZ처럼 변경이 불가능한 성역이 아니기 때문이다.

2007년 대한주택공사가 그린벨트 지역인 경기도 의왕에 임대주택 단지를 만들었다. 물론 그린벨트를 해제한 것이다. 한마디로 평가해서 이런 것을 난개발이라고 한다. 정말로 그린벨트가 도심의 확산 방지와 도시민의 쾌적한 삶을 위한 제도라면 굳건하게 지켜야 한다. 서민들의 임대주택은 도시의 확산 방지와 도시민의 쾌적한 삶에 영향을 주지 않는가? 이런 것을 위선이라고 한다.

그린벨트는 빨리 해제되어야 한다. 그리고 임대주택뿐만 아니라 분양 주택, 도로, 상가, 공원 등도 만들어져야 한다. 따라서 그린벨트 해제 전에 완벽한 도시계획을 수립해야 한다. 야금야금 그리고 찔끔찔끔 개발을 하면 난개발이 된다. 민간은 난개발을 할 수 없다. 난개발의 주범은 정부다. 귀중한 공간 자원을 아무계획 없이 훼손하는 것에 반대한다.

주택 정책에서 도시 정책으로

11

다음의 글은 조선일보 차학봉 팀장의 글이다.
필자는 차학봉 팀장의 글이 현 정부 부동산 정책 수립의 단초가 되었
던 강남 지역 부동산 값 폭등의 원인을 가장 잘 분석하고 있다고 생각
한다. 그리고 정부의 정책은 주택 정책이 아닌 도시 정책으로 바뀌어
야 한다는 주장에 찬사를 보낸다.

정부의 전폭적인 지원을 받고 태어난 신도시가 강남이다

강남은 1970년대 당시 정부가 지금의 행정수도 이전에 버금가는 추진력과 전폭적인 지원으로 만든 신도시다. 강남의 특징은 서초-강남-송파구에 이르는 엄청난 규모에만 있는 것은 아니다. 당시 정부는 '강북 말살 정책'이라는 비판이 나올 정도로 강북을 억제하면서 강남을 키웠다.

1970년대 강남 개발 당시 정부는 한동안 인기가 없던 강남을 띄우기 위해 법원을 옮겼고 명문 고교를 이전했다. 과천 청사를 비롯한 많은 정부기관이 강북에서 빠져 나온 것도 일종의 '강남 띄우기, 강북 죽이기' 정책의 결과였다. 반대로 강북(사대문)에 학원, 백화점 등의 규제가 가해지는 등 지금은 상상도 할 수 없는 강북 억제 정책이 시행됐다.

당시, 정부가 왜 이렇게 강남에 집착했는가에 대해서는 여러 분석이 가능하다. 당시의 수도권 과밀화의 문제가 강북 집중(사대문 집중)의 문제였고 이를 해결한다는 명분은 현재의 행정수도 이전과 같은 거대한 명분이었다는 분석도 가능하다. 6.25전쟁 시 한강다리 폭파에서 드러나는 강북의 안보적 취약성을 극복하기 위한 비상수단이었다는 해석도 있다. 음모론적인 시각도 있다. 강남 개발이 정치자금을 모으는 수단이었다는 것이다(당시 서울시 고위직에 있던 분이 정치자금을 모으기 위해 이런 저런 활동이 행해졌다는 내용의 책을 쓰기도 했다).

당시의 우리 경제 규모를 감안하면 강남 신도시 건설은 현재의 행정수도 이전 작업과 공기업 이전 작업을 합친 것만큼이나 역점 정책이었을 지도 모른다. 정부가 이처럼 중점적으로 지원했지만 강남이 태생부터 각광을 받는 지역은 아니었다.

강남이 인기를 끈 주거지로 돌변한 것은 개발 이후 20년, 아니 30년쯤 지나서였다. 강북 간의 격차가 본격화된 것은 IMF 외환위기 이후다. 외환위기 이전까지만 해도 강남, 북의 차이는 강북내의 차이 정도였다. 강남에서 내 집을 마련하는 것은 은행 융자를 얼마나 더 받는가의 문제였다.

IMF 외환위기 이후 강남·북의 격차가 본격화된 이유는 뭘까

그것은 강남이 도시 발전 단계상 성숙 단계에 접어들었기 때문이다. 도시에도 생로병사라는 게 있다(《부자들만 아는 부동산 시장의 법칙》 참조). 도시가 본격적으로 꽃피는 것(인기를 얻는 것)은 성숙 단계(사람으로 치면 청장년층)다.

신도시는 처음에는 주거 위주로 개발되기 때문에 상업시설과 오피스가 부족하다. 시간이 지나면서 오피스와 상업시설이 자리를 잡아가는 성숙 단계로 접어든다. 1990년대 초중반 테헤란로에 우후죽순처럼 빌딩이 건설됐다. 하지만 대부분이 유령 건물이었다. 초토세를 피하기 위해 지주들이 돈을 빌려 너도 나도 빌딩을 지었지만 임대가 되지 않아 텅 빈 건물이 대다수였다. 건물주들은 어떻게 하든지 임대를 하기 위해 밤이면 텅 빈 사무실에 불을 켜두었다.

테헤란로는 '유령 건물'들이었고 빚을 내 건물을 지은 상당수 지주들은 부도를 냈다. 당시 강남 지역을 담당하던 기자는 테헤란 대형 빌딩에서 벌어지는 '의류 땡처리' 기사를 쓰기도 했다. 건물 유지비를 건지기 위해 땡처리 장사들에게 싼값에 건물을 빌려줄 정도였다.

IMF를 넘기면서 대기업들의 강남 이전이 본격화되면서 강남은 오피스라는 '도시의 꽃'이 피기 시작했다. 산업(오피스)의 중심이 강북에서 점차 강남으로 이동하기 시작한 것이다.

지금 강남에는 삼성타운이 들어서고 있고 LG타운, 포스코타운, 현대자동차타운이 이미 자리 잡고 있다. 한국경제를 이끄는 기업들이 강남으로 이전하면서 그 연관 기업들도 강남으로 이전하는 것이다. 미래를 선도할 산업으로 꼽히는 IT의 중심지도 테헤란 벨리에 자리를 잡았다.

결국 강북 오피스 수요의 상당부분이 강북에서 강남으로 빠져 나오고 있는 상황이다. 광화문 오피스타운은 당초 강북의 중심이었다. 하지만 강남 신도시는 성숙 단계로 접어들면서 오히려 강북의 광화문을 배후지역으로 포섭하는 단계로까지 발전했다. 이런 현상은 단지 서울에만 국한된 것은 아니다. 대전의 둔산 신도시도 시간이 점점 지나면서 구도심의 존재자체를 위협하고 있다.

혹자는 강남이 교통이 편해서, 교육환경이 좋아서, 쇼핑시설이 좋아서 인기가 좋다고 한다. 하지만 강남의 교통체증도 만만치 않다. 그 교통체증이 심하면 심할수록 '직주 근접'의 수요를 증가시킨다.

주거지·교통의 편의성만 놓고 본다면 강북과의 가격 격차가 크지 않았던 1990년대 중반이 더 좋았다. 교육환경이 좋다는 것도 고급 수요가 집결한 결과이지 원인은 아니다. 학원은 돈 많은 소비자를 따라다닌다. 쇼핑은 강남이 분당이나 일산과는 비교가 되지 않을 정도로 불편하다.

강남 인기의 진정한 비결은 주택 그 자체가 아니고 오피스와 다양한 상업시설이다. 오피스와 상업시설은 출퇴근이 가깝고 편의성을 중시하는 고급 수요자를 견인한다. 고급 수요자가 몰리자 그들을 따라서 학원과 상업시설이 모이는 것이다.

강남은 개발 30년 만에 도시로서는 그야말로 전성기에 접어들고 있는 것이다. 문제는 이렇게 도시가 꽃피우는 것이 그리 간단하지 않다는 것이다. 정부가 온갖 지원을 다했던 강남이 도시로서 성숙기에 접어든 것은 거의 30년만이다. 현재 강남은 지난 30년간의 도시개발 역사의 결과이고 서울이라는 도시의 변천사다.

정부의 아파트 정책이 왜 강남의 인기를 더할 수밖에 없는가

강남 대체 신도시로 개발되는 판교 신도시는 강남의 기능을 보완하는 배후도시로 개발된다는 측면이 있다. 한 도시가 발전하면 할수록 배후 주거지가 확대된다. 기존 주거지가 포화상태로 빠지면 그 외연(위성도시든 기생도시든)을 확대한다. 더군다나 정부가 나서 정책적으로 강남의 외연을 확대하는 정책을 취하고 있다.

판교개발을 통해 얻어지는 막대한 이익금으로 강남-판교-분당을 연결하는 전철과 고속화 도로가 건설된다. 이 결과는 강남은 더 넓은 지역을 상권으로, 통근권으로 편입하는 것이다. 판교의 벤처단지만 하더라도 결국 테헤란로 오피스의 배후 오피스타운이 될 것이다.

분당은 강남과 분리된 독자적인 도시로 발전할 가능성이 있었다. 다양한 오피스와 상업시설이 들어서도록 계획됐고 삼성전자 등 경기 남부의 산업시설을 감안하면 어느 정도 독자적인 도시로 발전할 수 있었다. 그러나 정부와 개발업자들이 인내라는 미덕이 없었기 때문에 상업용지에 주상복합과 주거용 오피스텔을 지어댔다. 결국 독자적인 오피스타운화 가능성을 너무 일찍 잘라 버렸다.

신도시가 도시로서 자리를 잡는 데는 20~30년은 걸린다. 영국 런던의 신도시 도클랜드는 30년간 개발한 결과(기다린 끝에) 영국을 대표하는 금융·업무중심지로 성장했다.

분당뿐만 아니라 일산, 중동 등 다른 신도시도 마찬가지다. 이들 신도시에도 상업·업무 시설이 계획돼 있었지만 거의 모두 오피스가 아닌 주상복합-주거용 오피스텔로 전용됐다.

현재 정부가 어떤 신도시를 개발하더라도 규모와 지원책이 강남과는 비교가 되지 않을 것이다. 현재 정부는 주거지를 중심으로 신도시를 개발하고 있을 뿐 아니라 1970년대 강남에 주어줬던 특혜와는 비교가 되지 않을 정도의 정책적 지원만을 할 뿐이기 때문이다.

지금은 환경단체의 눈치를 봐야 하고 지역균형발전도 생각해야 하기 때문이다. 중대형 규모로 늘리거나 가구 수를 늘리는 것으로 판교가 강남대체 신도시가 된다고 생각한다면 그것은 원인과 결과를 혼동하는 것이다.

서울 강북 뉴타운플랜은
강북의 구원투수 역할을 할 것인가

강북 재개발(뉴타운플랜)은 꽃피우는 데 20~30년 걸리는 신도시 개발보다는 훨씬 효과적이고 세계 도시 개발의 조류에도 부합한다.

그러나 서울시 역시 정부와 마찬가지로 '도시 문제'가 아닌 '주택 문제'로 접근하고 있다. 이는 강북 재생의 싹을 아예 잘라 버릴 위험성이 내포돼 있다. 주택중심으로 개발되는 강북 뉴타운은 단지 내 아파트 가격은 어느 정도 오를 것이다(뉴타운의 정책 목표가 강북의 특정 지역의 주택 가격을 끌어올리는 것이라면야 할말이 없다).

그러나 그 고급 수요는 결국 강남에 일터를 둔 사람들일 가능성이 높다. 그들은 직주 근접의 편리함을 쫓아 강남진입을 꿈꿀 것이다. 주변지역으로의 파급효과도 제한적일 수밖에 없다. 일자리가 없는 지역은 원심력만 커질 뿐이다.

금융타운을 목표로 하는 청계천타운 개발도 결국 주거중심지로 개발되는 게 아닌가 하는 우려가 나오고 있다. 서울시가 정책을 전환 주택이 아닌 기업을 위한 대규모 뉴타운을 강북에 건설하고 세제 등 다양한 혜택을 준다면 강북 경제발전의 핵으로서 역할을 할 것이다. 강남·북간의 격차 완화에도 큰 기여를 할 것이다.

선진국의 경험을 철저히 무시하는 주택 정책

영국과 일본 등 이른바 선진국의 도심재개발 정책은 단순한 주택 개발이 아니다. 재개발을 할 경우, 주택도 짓지만 오피스·상업·문화 중심으로 계획하고 그 주변에 주택을 짓는 것이다. 정부와 지방자치단체는 오피스·상업지역의 기업유치를 위해 세금감면 혜택 등 다양한 지원책을 구사한다. 그 지역의 오피스가 뜨면 주택 가격은 당연히 오른다. 주택 가격이 오를 뿐만 아니라 상업시설을 통해 지역 고용창출도 가능하다.

일본의 신도시가 올드 타운으로 전락, 집값까지 폭락한 것은 주거환경이 나빠서가 아니라 직장 창출에 실패했기 때문이다. 일본의 신도시는 버블기(1980년대 말)에 비해 주택 가격이 30%까지 하락한 곳이 많다.

우리 정부는 신도시 개발을 하면서 걸핏하면 생활환경, 교육환경을 내세우고 있다. 일본의 신도시는 생활환경은 도심에 비해 천국이었지만 직장이 없다 보니 출퇴근 시간만 늘어지는 결과를 초래했고 결국 시간이 지나면서 새로운 세대들은 좁고 비싼 도심으로 몰려들고 있다. 주거 환경보다는 직장과 쇼핑, 문화 등의 시설을 더 선호한 결과다.

강남 집값의 정공법은 주택 정책이 아닌 도시 정책이다. 도시 정책이란 직장과 주거, 상업이 조화된 도시를 만드는 것이다. 단순히 아파트만 지어대는 주택 정책을 10년 이상 편 결과가 작금의 현실임을 인정해야 한다.

도시를 개발할 때 우리보다 도시 개발의 역사가 깊은 다른 나라의 경험을 반드시 참고해야 한다. 그런데 우리 정부는 너무 게으르고 독단적인 것 같다. 정책은 실험이 아니다. 부작용을 최소화하고 효과적인 주택 도시 정책을 펴기 위해서는 다른 나라의 도시 정책의 경험을 참조해야 한다.

강남 집값 문제에 있어서 그나마 다행인 것이 강남이 성장 잠재력을 스스로 소진하고 있다는 것이다. 집값 폭등을 기화로 새로운 산업(오피스)을 개발할 공간에 대부분 주거시설이 들어서고 있다. 강남은 더 이상 오피스를 공급할 여력이 없어지고 있다. 이는 강남의 쇠퇴를 촉발하는 중요한 단초를 제공할 것이다.

강남 오피스는 공급부족으로 임대료가 지속적으로 더 치솟을 수밖에 없고 이는 기업들의 강남 탈출의 단초를 제공할 것이다. 실제 많은 벤처기업이 강남의 높은 임대료를 견디지 못하고 다른 지역으로 이사를 가기 시작했다.

도시 개발에서 도시 리모델링으로

12

사람들은 이사를 할 때 학군과 주변 환경 등 여러 가지 요소를 고려한다. 입시를 앞둔 자녀를 둔 가정에서는 다른 것보다 학군을 가장 중요하게 여길 것이다. 그렇다면 국가가 도시를 관리하거나 새롭게 개발할 때 가장 중점을 두어야 할 요소는 무엇일까? 도시의 쾌적성 일까? 아니면 도시의 경제성일까?

신도시 개발에 관한 발표를 보면 쾌적성이 많이 강조되는 듯하다. 상대적으로 도시의 경제성에 대해서는 크게 관심들을 두지 않는 것 같다. 그런데 건축업자가 건물을 지을 때 고려하는 것 중에는 완공 후 어떻게 경제적으로 건물을 유지하고 관리할 것인가도 중요한 항목이다. 잘못 만들어진 건물은 관리비가 많이 들기 때문이다. 대단위 아파트 단지가 '나 홀로 아파트'에 비해 난방비 등 관리비가 적게 나온다. 그래서 주부들은 나 홀로 아파트에 비해 대단지 아파트를 선호한다.

그런데 우리나라의 도시들은 이미 만들어져 있다. 따라서 이미 만들어진 도시를 경제적으로 운영하고 관리하는 방법을 연구해야 한다. 그렇다면 신도시는 어떻게 해야 하는가? 신도시는 두 가지를 검토해야 한다. 첫째, 신도시 내부가 경제성을 갖도록 설계해야 한다. 둘째, 신도시 건설 그 자체가 경제적인가를 검토해야 한다. 이 중에서는 두 번째, 즉 신도시 건설 자체의 경제성 검토를 우선해야 한다.

국제에너지기구(IEA)의 발표에 따르면 2000년부터 2006년까지 전 세계의 석유 수요 증가량은 하루 800만 배럴 정도다. 이 수요 증가량 가운데 최근 5년간 매년 10% 이상 경제 성장률을 기록 중인 중국이 32%를 차지한다. 중동의 산유국들 자체도 석유 수요 증가분의 22%를 사용한다. 두바이 같은 도시에서 경제 개발을 위해 많은 양의 석유를 자가소비하기 때문이다(두바이에서는 기름으로 눈을 만들어 스키장을 운영한다).

3위는 미국이다. 미국은 석유 증가분의 12.5%를 차지한다. 이 뒤를 인도 등의 신흥 공업 국가들이 줄을 잇는다. 세계적으로 볼 때 석유 소비량은 점점 많아지는데 공급 전망은 밝지 않다. 미국의 정유 시설이 노후해 공급이 수요를 따라가지 못하고 있으며, 주기적으로 허리케인이 멕시코만을 타고 올라와 정유 시설을 망가뜨리기도 한다. 터키 의회는 쿠르드반군 소탕을 위해 유전지대인 이라크 북부에 병력을 보내 군사작전을 벌이는 안을 승인했다.

하루 200만 배럴 이상 생산하는 나이지리아에선 반군이 정유 시설을 수시로 파괴한다. 남미의 산유국인 베네수엘라에서는 차베스 정부가 자원의 국유화를 선언해 버렸다. 러시아의 푸틴은 가스와 석유로 서방 국가들의 목을 죄고 있다. 이렇듯 석유 수요의 증가와 불안한 공급으로 인해의 원유 가격이 배럴당 100달러를 넘을 것으로 예측하는 사람들이 늘어나고 있다(IMF는 2007년 말까지 유가가 95달러를 돌파할 것으로 예측했다).

석유가격이 계속해서 오르면 우리나라 경제는 어떻게 될까? 세 가지 단계로 나누어 분석한다. 먼저 긍정적인 면부터 보자. 유가의 상승으로 덕을 보는 국내 기업도 있다. 기름 값이 오르면 중동 국가의 석유화학 플랜트 발주가 늘어난다. 2007년 8월 말 현재 우리나라의 건설 해외 수주 잔고가 210억 달러에 이르고 있다. 이는 1970년대 중동 붐 때보다 더 큰 물량이다. 유가가 오르면 우리나라 조선 업체도 유리하다. 유가가 오를 경우 비용 문제로 미뤄졌던 해양 유전 개발이 활발해지면서 유전 개발을 위한 해양 플랜트에 이용되는 선박 형태의 시추선과 하역 설비 등의 수요가 증가하기 때문이다.

다음은 유가의 상승이 긍정적이지는 않지만 그럭저럭 우리나라 경제가 버틸만한 부문도 있음을 소개한다. 수년간 지속된 원화 강세와 고유가 등 좋지 않은 환경에도 불구하고 수출이 호조세를 보이고 있기 때문이다.

산업자원부는 "2007년 7월 수출이 309억 3,000만 달러(약 28조 6,000억 원)를 기록해 지난해 같은 기간보다 20%나 증가했다"고 밝혔다. 이 같은 수출 증가율은 1월(20.8%) 이후 가장 높은 수치이며, 18개월 연속 두 자릿수 증가율을 이어가고 있다. 원화 강세가 계속되고 국제 원유가는 사상 최고치에 육박하는 등 불리한 수출 환경이지만 수출 증가세가 계속되는 이유는 무엇일까? 수출 지역을 미국·일본·유럽 등지에서 벗어나 신흥시장을 집중 공략해 다변화했기 때문이다.

대한무역투자진흥공사(KOTRA)에 따르면 2004년 미국·유럽연합(EU)·일본 등 선진국 수출은 전체의 42.1%를 차지했지만 이후 비중이 꾸준히 줄어 2007년 5월 현재 35.1% 수준이다. 반면 '브릭스'(브라질·러시아·인도·중국) 지역 비중은 22.6%에서 26.2%로, 아세안·중남미 등 개발도상국은 35.3%에서 38.7%로 증가했다. 이들 신흥 시장은 최근 경제 성장으로 수입 수요가 많아 상대적으로 환율 영향을 덜 받기 때문이다.

마지막으로, 유가의 상승이 가져올 부정적인 영향이다. 한국은행은 원유 가격이 베럴당 10% 상승할 경우 국내 소비자 물가가 0.5% 상승되는 요인으로 작용한다고 발표했다. 석유를 전량 수입하는 우리나라는 산업 전반에 많은 영향을 받을 것으로 예측된다.

당장 기름을 많이 쓰는 산업 위주로 타격이 불가피하다. 매출 원가의 25% 이상을 차지하는 항공업계의 경우 유가가 배럴당 1달러 오르면 대한항공은 연간 300억 원, 아시아나는 140억 원 정도의 추가비용이 발생하는 것으로 추산되고 있다. 이런 원가의 상승요인은 항공업계뿐만 아니라 전 산업에 큰 영향을 미칠 것이다. 지난 1, 2차 오일쇼크 때 전 세계가 경기 침체로 엄청난 고통을 겪은 경험이 있다. 3차 오일쇼크가 서서히 진행되고 있는지도 모른다.

최근 그린스펀 전 미국연방준비위원회 의장은 그의 자서전을 통해서 "부시 대통령은 오일 때문에 이라크를 침공했다"고 밝혔다. 부시는 부정했지만 석유 확보를 위해 이라크와 전쟁을 벌였다는 주장에 동의하는 사람은 세계적으로 많다. [표 12-1]은 유가의 상승이 미국

[표 12-1] 고유가에 의한 금리, 부동산, 경기의 악순환

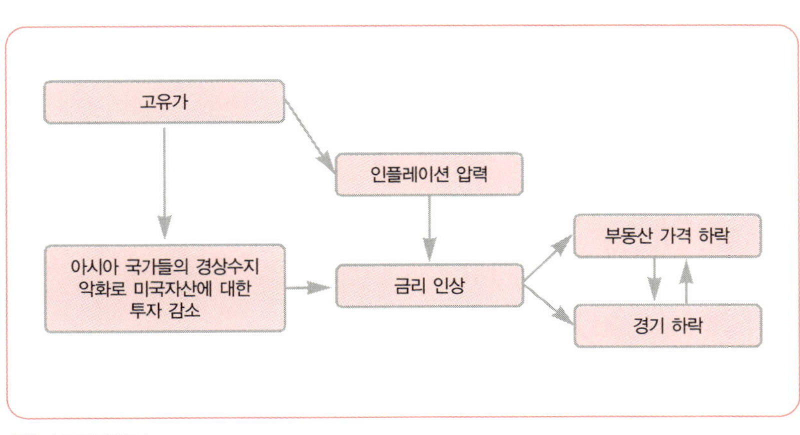

출처: LG경제연구소

경제에 어떻게 영향을 주는지 보여준다.

[표 12-1]을 설명하면 이렇다. 유가가 오르면 아시아 국가들의 수출이 감소한다. 아시아 국가들의 수출이 감소하면 이들의 외환보유고가 감소한다. 외환이 부족한 아시아 국가들은 미국의 국채를 살 수 없다. 미국의 국채가 팔리지 않으면 국채 이자가 올라간다. 국채 이자가 올라가면 미국의 금리가 상승한다.

금리가 상승하면 대출(Mortgage Loan)을 받아 집을 산 사람들이 대출 이자를 갚기 어려워진다. 대출 이자를 갚지 못하면 미국 부동산금융(Mortgage Loan)에 투자한 사람들이 손해를 본다. 이와 같은 시나리오의 완결편이 최근 서브프라임 사태다.

미국 정부 입장에서 원유가격 상승은 달러 약세와 함께 이중고를 의미한다. 물론 나중에 입장을 바꾸기는 했지만 버냉키(Ben Bernanke)가 금리 인상을 주저했던 것은 바로 인플레이션 우려 때문이다. 인플레이션은 달러의 약세를 의미한다. 달러 약세가 되면 수입 물가 상승은 필연적이고 수입 원유 가격 급등은 미국을 더 어렵게 만들 것이다. 결국 유가의 상승은 미국 의존도가 높은 우리나라의 경제에 많은 고통을 가져다 줄 것이다. 그런데 우리는 이런 대비를 전혀 하지 않았다. [표 12-2]는 일본이 에너지의 효율화를 추구한 모습을 보여준다.

일본에서는 1980년의 에너지 소비량이 1973년에 비해 20%나 감소했다. 또 2001년은 1980년에 대비 20%가 절약됐다. 이 표는 우리나라 정부가 추진해야 할 가장 시급한 일이 무엇인지를 시사한다. 지금

[표 12-2] 일본의 에너지 효율 추이

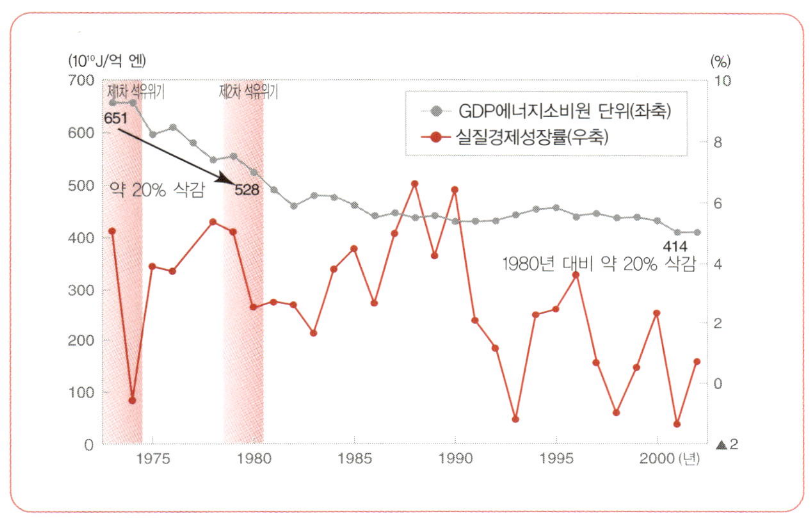

출처: 《2010 노무라보고서 아시아 대예측》

당장 해야 할 일은 두 가지다. 첫째, 우리나라 영토 안에서 유전을 파서 석유를 퍼 올리는 것이다. 둘째, 에너지 절약을 국가의 최우선 목표로 정하고 모든 역량을 집중하는 것이다.

하지만 우리나라는 산유국이 아니다. 우리나라의 경우 기름이 배럴당 10달러 오르면 연간 80억 달러의 무역수지 악화 요인이 발생한다. 따라서 우리의 목표는 오직 두 번째, 모든 일의 우선순위를 에너지절약으로 정하는 일이다. [표 12-3]은 원유 도입 단가가 가파르게 상승함을 보여준다.

이것을 보면 우리나라 예산 사용의 큰 항목 중 하나인 건설 분야도

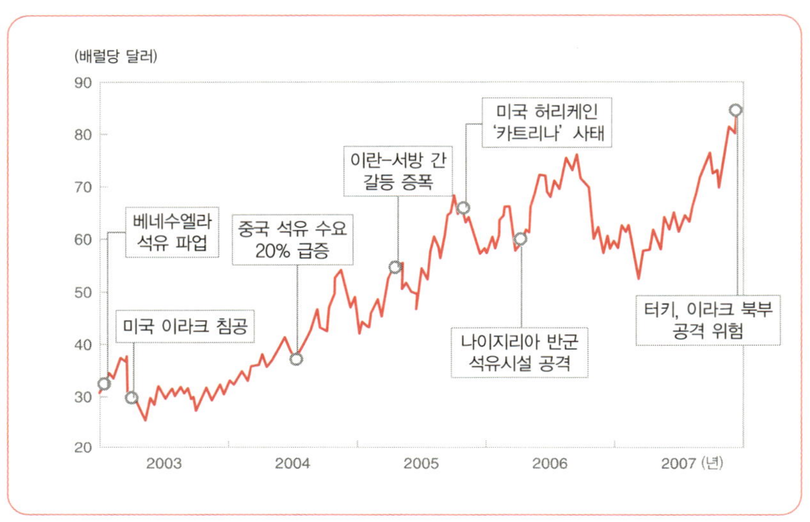

출처: 〈파이낸셜타임스〉

당연히 에너지 절약을 최우선 과제로 삼아야 함을 알 수 있다. 즉 국민 전체로 보아 에너지 낭비가 가장 적은 방법으로 도시를 개발하고 국토를 관리해야 한다는 것을 의미한다.

이런 관점에서 보면 도시의 쾌적성을 이유로 과밀화를 피하기 위해 도시의 고층화를 억제하거나 단지 수십만 명만의 쾌적한 삶을 위해 수십조 원에 가까운 돈을 들이는 것이 효율적인 정책인지 재검토해야 한다. 다시 강조하자면 우선순위를 전국적인 에너지 효율에 둘 것인가 아니면 일부 지역의 쾌적한 주거 환경에 둘 것인가를 정해야 한다는 것이다.

왜 도시는 과밀화되는가?

13

인간은 기본적으로 쾌적하고 여유 있는 삶을 원한다. 여기서 말하는 쾌적한 삶이란 지리적이고 공간적인 것을 의미 한다. 또한 여유 있는 삶이란 경제적인 능력을 의미한다. 즉 인간은 좋은 환경에서 경제적으로 여유 있는 삶을 원한다는 것이다. 따라서 정부의 목표는 모든 국민을 쾌적한 장소에서 부자로 살게 만들어 주는 데 있다고 말해도 크게 틀린 표현은 아닐 것이다.

그런데 문제는 여기에 있다. 두 가지 목표를 동시에 만족시켜 줄 수 있는가 하는 것이다. 그렇게만 할 수 있다면 더 이상 논의를 할 필요가 없다.

하지만 부존자원이 거의 없는 우리나라가 두 가지 목표를 동시에 실현한다는 것이 가능한가? 많은 사람이 도시를 표현할 때 '성냥갑 같은 아파트'라는 표현을 사용한다. 틀린 표현은 아니다. 하지만 실제로 성냥갑 같은 아파트가 우리의 여건에 맞는 주거 환경이다. 즉 가장 경제적인 형태라는 것이다.

부존자원이 없는 우리는 제조업과 서비스업으로 승부를 걸어야 한다. 제조업과 서비스업의 생명은 효율이다. 효율을 달성하기 위해 오밀조밀 살아야 하는 것은 당연하다. 따라서 도시의 과밀화에서 오는 사회적인 문제들은 필연적이다. 이 필연적인 문제들, 어떻게 보면 숙명적인 문제를 강조하면 감성적일 수밖에 없다.

TV 아침 드라마는 대개 아침 8시에서 9시 사이에 방영된다. 이 아침 드라마의 주 시청자는 출근을 하지 않는(정확하게 표현하면 남편을 출근시킨) 전업 주부들이다. 아침 드라마의 주된 소재는 대개가 불륜이다. 불륜의 주체가 남성일 때 주부들은 TV 화면을 부술 것처럼 증오한다. 만약 불륜의 주체가 여성일 때 주부 시청자들은 TV 화면 속의 주인공과 동업자가 된다. 이렇게 주부들은 아침 20-30분 동안 '증오'와 '복수'의 감정을 반복적으로 또는 동시에 느낀다. 그리고 드라마가 끝나면 식탁을 치운다. 싱크대의 수도꼭지를 힘껏 틀어 콸콸 쏟아지는 물과 함께 증오와 복수를 털어낸다.

중요한 점은 이런 생활을 하기에 가장 편하고 현실적인 장소가 도시라는 것이다. 밤늦도록 일하고 늦게 들어오는 남편을 깨워서 출근시키고 새벽 동트기 전에 등교하는 자녀들을 키우는 데 도시가 가장 적합한 것이 엄연한 현실이다. 왜? 우리는 부존자원이 없기 때문이다. 남편은 지금 당장 돈을 벌기 위해, 자식들은 미래의 돈을 벌기 위해 모두 바쁘다. 이것이 우리가 한반도에서 태어난 운명이다. 현재의 도시는 이런 우리들의 삶에 가장 경제적이고 현실적인 선택이다.

행정 중심 복합 도시

다음은 행정 중심 복합 도시 행정청 홈페이지 내용 중에서 몇 가지 도표를 옮겨온 것이다.

[표 13-1] 수도권 인구집중도

연도	1970	1980	1990	2000	2005	2011	2015	2020	2030
집중도(%)	28.3	35.5	42.8	46.3	48.3	50.2	51.2	52.3	53.9

출처: 통계청(2005년)

[표 13-2] 소득 대비 주택 가격 국가별 비교

	한국	미국	일본	홍콩	영국	싱가포르
주택 가격/소득	10.3배	4.1배	3.7배	8.1배	6.5배	3.8배

[표 13-3] 수도권 인구 집중도 국제 비교

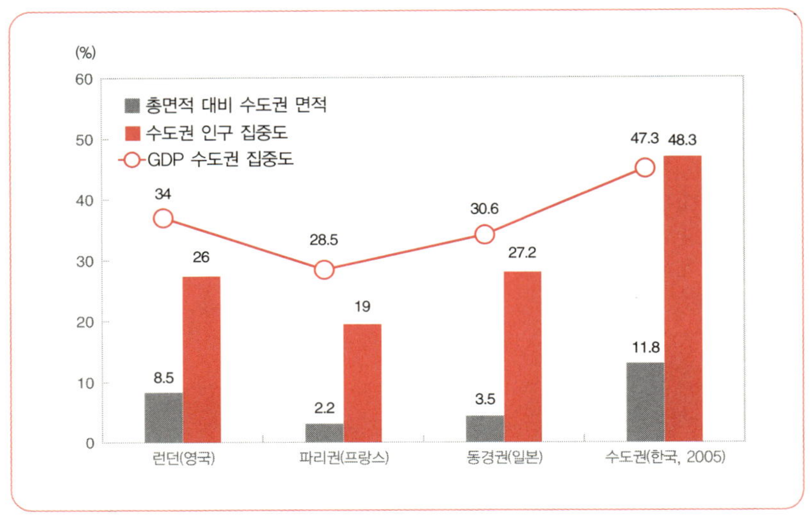

주: 2003년 기준

[표 13-4] 수도권 경제력 집중도

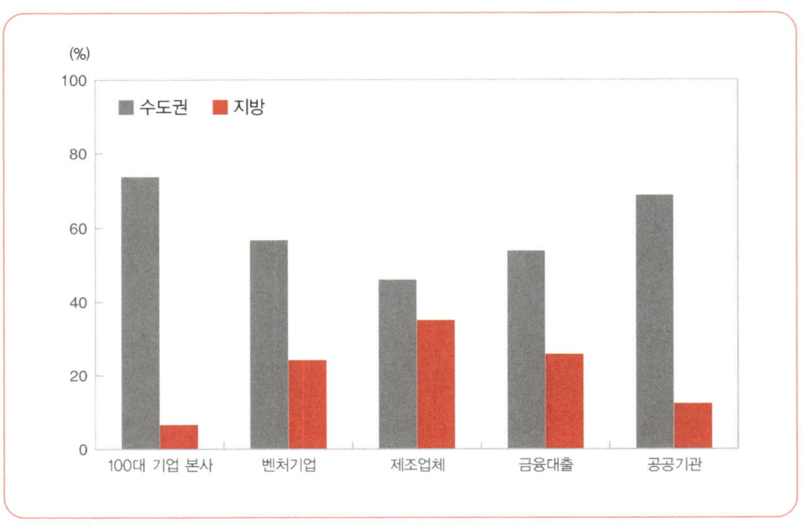

150

[표 13-5] 수도권의 교통 혼잡 비용

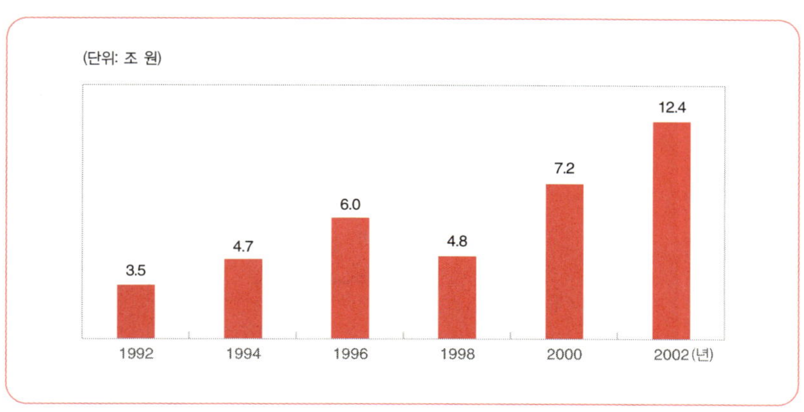

[표 13-6] 도시 간 대기오염 수준 비교

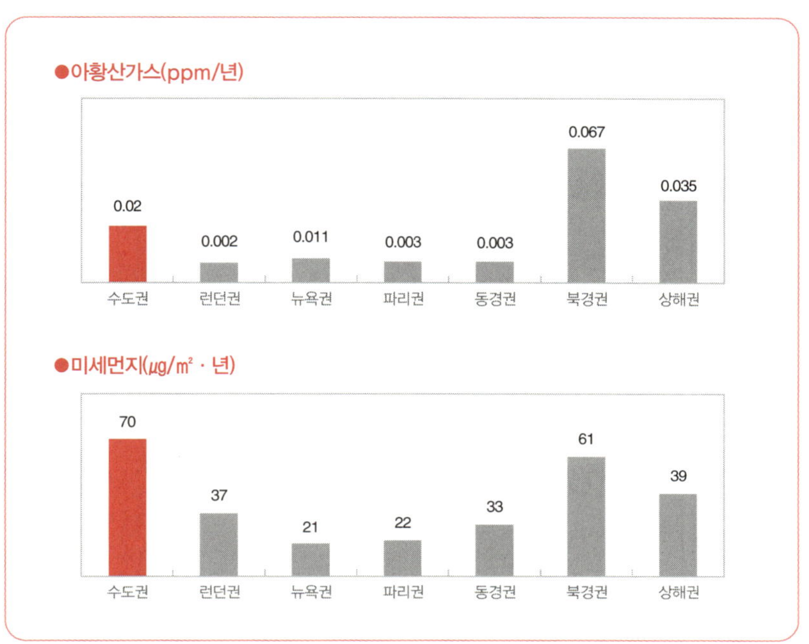

[표 13-7] 세계 주요도시의 삶의 질 순위(Mercer사, 2006)

2006년 순위	2005년 순위	도시	평점[주]
1	1	취리히	108.2
2	2	제네바	108.1
3	3	밴쿠버	107.7
34	35	싱가포르	102.5
35	34	동경	102.3
37	37	요코하마	101.6
40	40	고베	101.0
41	41	워싱턴	100.4
46	45	뉴욕	100.0
89	90	서울	83.0

주: 평점은 뉴욕을 기준(100)으로 한 상대적 점수임.

[표 13-8] 서울과 해외 대도시 간 생활권공원 면적 비교

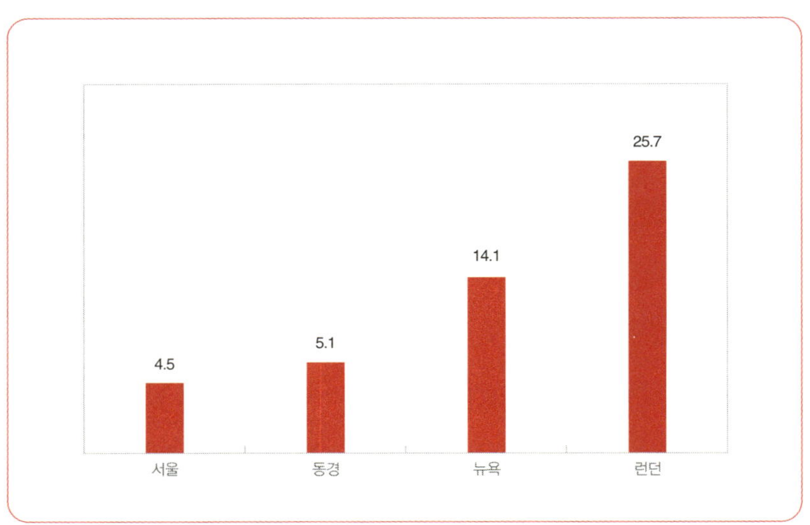

주: 행정중심복합도시 행정청 홈페이지에 각 도시의 공원면적들을 표시하는 숫자의 단위가 밝혀져 있지 않다.

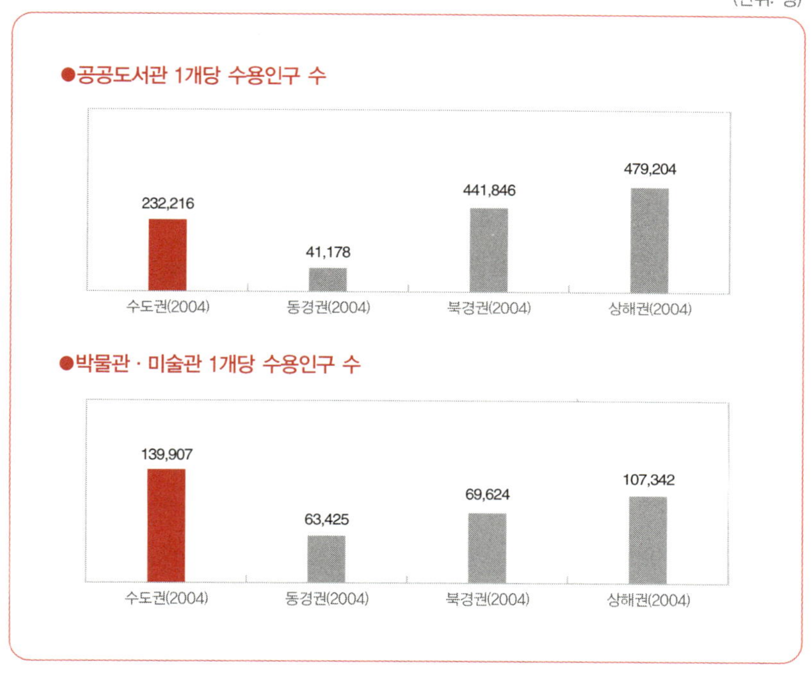

이상의 도표를 보면 서울은 아주 형편없는 도시다. 필자는 위의 도표들이 정확하지 않다고 말하지 않는다. 모두 정확한 도표들일 것이다. 그런데 이런 자료를 이용해 논문을 써서 심사를 받으면 통과되지 않을 확률이 높다. 앞의 도표에서 주로 비교의 대상을 삼고 있는 동경, 런던, 북경 등의 도시는 우리 서울면적의 몇 배씩 된다. 당연히 동경권, 런던권, 북경권은 우리나라의 수도권보다 그 면적이 훨씬 넓다.

따라서 위의 도표들을 보면 우리가 얼마나 고생스럽게 살고 있는

지, 또 왜 이렇게 살고 있는지 하는 생각 때문에 매우 우울한 기분을 만든다. 즉 사람들을 감성적이고 감정적으로 만들기에 충분하다.

하지만 이런 감정은 주부들이 TV 아침 드라마를 보고난 뒤 싱크대에서 증오와 복수를 씻어버리듯이 빨리 잊어야 한다. 주부들이 이것을 실행에 옮기면 가정이 불행해진다.

마찬가지로 행정 중심 복합 도시를 실제로 만들면 국가적으로 엄청난 비용을 지불해야 한다. 단지 수십만 명을 쾌적하게 살게 하기 위해 수십조 원(일부학자들은 일백조 원을 주장한다)의 비용을 써야 한다. 거듭 이야기하지만 우리는 산유국이 아니다. 유가가 배럴당 100달러를 넘보고 있다.

행정 중심 복합 도시는 건설비만 낭비하는 것이 아니다. 에너지 소모라는 측면에서 볼 때 건설 후에 더 많은 비용을 계속해서 발생시킬 것이다. 국가의 자원을 어디에 집중시켜야 하는가는 국민을 대표하는 정부가 정한다. 어찌됐든 우리 정부는 행정 중심 복합 도시를 결정했고 진행 중에 있다.

강변 고속 철도의 도입

수도권에 신도시를 만들 때는 교통량의 발생을 원초적으로 줄이는 것을 염두에 두어야 한다. 하지만 서울에 인접한 신도시민들의 주된 생활무대는 서울일 수밖에 없다. 따라서 서울과 신도시 사이의 교통량 감소를 위한 노력은 물론이고 교통비용의 감소도 연구해야 한다. 이런 점에서 강변 고속 철도의 도입을 제안한다. 일산 시도시를 예로 들어보자.

프랑스 파리에 가면 급행열차가 센 강을 따라 달리는 광경을 목격할 수 있다. 파리 주변의 신도시를 출발한 열차가 강을 타고 파리시를 관통하는 것이다. 우리나라 일산 신도시의 경우 서울과 지하철이 연결돼 있지만 일산의 종점인 대화역에서 강남의 교대역까지는 71분이나 걸린다. 따라서 많은 사람이 지하철을 포기하고 자동차로 출퇴근을 한다.

강변 고속 철도를 만들면 이런 문제를 해결할 수 있다. 일산의 대화역을 출발한 열차가 한강변으로 진입하는 것이다. 그리고 한강변을 따라 고속으로 달려서 지하철 2호선과 3호선을 만난다. 그리고 종착역인 강변역 또는 성내역까지 20~30분정도에 도착하게 한다. 비용이 들 것이다. 하지만 민간 사업자에게 사업권을 주면 정부는 거의 예산을 사용하지 않아도 될 것이다. 아마 인천공항 철도보다는 훨씬 사업성이 있을 것으로 예측된다.

물론 환경을 이유로 반대할 사람이 있을 것이다. 하지만 도시에서 자동차를 대신할 가장 환경친화적인 교통수단은 철도다. 파리 시 센 강변의 철도는 훌륭한 관광자원이다. 즉 자연친화적으로 느껴진다. 강변 고속 철도를 만들 때 세심한 설계를 하면 아름답고 환경친화적인 관광자원을 확보할 수 있을 것이다.

쾌적한 도시를 새롭게 만들지 말고 기존의 도시를 새롭게 만드는 것도 한 가지 방안이다. 즉 도시를 리모델링하는 방법이다.

다음에 소개하는 '보행자거리', '지하철이 없는 지하철역', '문화 벨트를 만들자' 는 세 글은 필자가 파리 특파원으로 근무하던 1992년에 쓴 '파리 특파원의 교통 정책 르포' 라는 글 중 일부다. 이글을 소개하는 이유는 인구 밀도가 높은 서울과 수도권도 연구를 잘만 하면 쾌적한 삶의 터전으로 만들 수 있다고 생각하기 때문이다.

보행자 거리

우리나라 사람이 들으면 깜짝 놀랄 일이지만 외국의 도시 중에는 차량을 추방하고 전 시민이 모두 걸어 다니는 도시들이 많이 있다.

참고로 프랑스와 독일 국경의 스트라스부르그라는 도시는 이미 보행자 천국의 도시로 변했고, 로마와 마드리드는 우리나라의 사대문에 해당하는 구시가를 오래 전에 보행자 천국으로 바꾸었다. 미국도 일부 도시에서도 도심에 차량의 통행을 억제하는 정책을 부분적으로 추진 중이다. 아래의 글은 서울의 사대문을 보행자 천국으로 만들어 본 가상의 시나리오다.

서울 시장이 서울 사대문 안에서의 차량 통행을 일체 금지한다고 발표한 지 1년이 지났다. 사대문 안 차량 통행 금지조치가 발표되던 초기의 우려와는 정반대로 많은 사람이 1년 전 서울 시장의 결단을 환영하는 눈치다.

무엇보다도 먼저 달라진 것은 서울 사람들의 생활태도다. 사대문 안의 서울 시민들은 걸어 다니거나 자전거를 타고 다닌다. 또 젊은이들은 인라인 롤러스케이트를 타고 다니는가 하면 스케이트보드 판을 옆구리에 끼고 다니다가 필요하면 얼른 올라타서 한 발로 쭉쭉 밀면서 달린다.

사대문 안에 볼 일이 있는 소위 문 밖의 백성들은 전철을 타고 들어와 걸어 다니거나 전철역 입구에 있는 자전거 대여소에서 자전거를 빌려 타고 다니다가 사대문 안의 아무 전철역에 돌려주고 다시 전철을 타고 사대문 밖을 나갈 수 있다. 물론 이 자전거 대여소는 서울 지하철공사에서 운영하고 있다.

사대문 안에 차량의 통행이 금지되자 처음의 우려와는 달리 사대문 안은 더욱더 밝아지고 화려해지고 깨끗해졌다. 그 이유는 사대문 안의 상업 활동 구조가 바뀌었기 때문이다. 철제 가구와 같은 무겁고 부피가 큰 상품을 파는 상점들의 숫자가 줄어들고 대신 보석이나 여성의 의복과 같은 고가의 상품이나 꽃과 같은 실내 장식물을 파는 상점들의 숫자가 늘어났다. 때문에 처음의 우려와는 달리 낮에는 더 많은 사람이 사대문 안으로 쇼핑을 나오고 있으며 야간에는 지역 주민 이외에는 이방인을 발견하기가 힘들다.

또한 예상했던 대로 초기에는 부동산 가격이 떨어졌으나 1년이 지난 지금에는 반대로 주택의 가격이 상승하는 현상을 보이고 있다. 사대문 안의 주거 환경이 좋아졌기 때문으로 풀이되고 있다. 이 제도를 실시하는 데 가장 심하게 반대했던 사람들은 자동차를 갖고 있던 지역 주민들과 이 지역에서 영업을 하고 있던 상인들이었다. 물론 이들은 지금도 불편을 겪고 있는 것이 사실이다. 그러나 이 지역에서 장사를 하는 상인들에게는 저녁 8시에서 밤 10시 사이에 상품을 운반하는 운반용 트럭의 통행이 가능하기 때문에 2시간 동안 상품을 사대문 안으로 가지고 들어와서 자신의 진열대에 진열할 수 있다.

또 한 백화점은 고객들을 위해 전철역이나 사대문 경계에 있는 주차장까지 마차를 운행하고 있는데 이 마차를 타고 쇼핑을 한 어떤 주부는 "기분이 괜찮다"고 대답했다. 또 사대문 안에는 인력거와 마차가 택시를 대신해서 영업을 하고 있는데, 이런 신종 택시 운전자들은 "수입이 짭짤하다"고 말했다. 이곳 사대문 안에서 차를 소유하고 있는 지역 주민들은 특별 허가증을 운전석의 앞 유리에 부착해야 한다. 그래야만 아침 7시 반에서 8시 반까지, 또 저녁 8시에서 밤 10시까지 사대문 안을 시속 30㎞의 속도로 달릴 수 있다.

조금 전에도 밝혔듯 차량을 가지고 있는 지역 주민들의 항의는 처음에는 거셌지만 지금은 이런 항의는 거의 없는 편이다. 왜냐하면 차량의 통행을 제한 받음으로서 얻어지는 주거 환경의 개선은 득실을 따져 볼 때 참을 만하다고 느끼기 때문이다. 사대문 안 차량 통행 금

지조치 이후에 이곳으로 이사를 왔다는 두 아이를 가진 한 가정주부
는 "아이들을 교통사고의 위험으로부터 해방시키고 싶어서 이사를
왔다"고 대답했다. 실제로 사대문 안에서의 교통사고는 거의 찾아볼
수 없을 정도다. 다만 자전거와 행인의 충돌사고가 몇 건 있었는데
서울시는 앞으로 자전거만 다닐 수 있는 길을 따로 정해 줄 계획이
다. 사대문 안에서의 초등학교 취학 아동 숫자가 1년 전에 비해 10%
정도 늘어났다.

그러나 무엇보다도 피부로 느낄 수 있는 변화는 여성들의 복장이
변하고 있다는 사실이다. 처음에 예상하기로는 자전거의 보급으로
여성들의 복장이 보다 간편해진 것으로 생각했다. 그러나 예상과는
전혀 다른 양상을 사대문 안에서 목격할 수 있다. 여성들은 바지 대
신에 치마 끝이 무릎에서 10㎝ 정도 내려간 긴 스커트를 많이 입고
다닌다.

또 여성들은 예전에 볼 수 없었던 모자를 많이 쓰고 다니는데 걸어
다니는 동안 햇볕을 가리기도 하고 갑자기 내리는 보슬비 정도는 막
을 수 있기 때문이다. 이런 치마와 모자의 유행은 새로운 패션산업을
일으키고 있는 중으로, 특히 긴 치마와 모자, 그리고 블라우스를 조화
시킨 정장을 상품화하고 있다. 또 여성들이 자전거를 탈 때면 장갑을
착용하는데, 요즘 유행하는 장갑은 장갑의 길이가 긴, 즉 손목에서부
터 7~8㎝가 더 위로 올라오는 장갑이다.

여성들의 신발 역시 커다란 변화를 보이고 있는데 처음에는 걸어

다니기에 편리한 굽이 낮은 운동화 종류가 많이 눈에 띄었으나 1년이 지난 오늘날에는 굽이 높고 앞이 뾰족한 구두를 많이 신고 다닌다. 30대 중반의 한 가정주부에게 "걸어 다니기에 굽이 낮은 신발이 더 편리하지 않느냐"는 질문을 던졌더니, 오히려 "차를 타고 다닐 때는 높은 구두와 정장이 필요 없다. 아무도 보아줄 사람이 없으니까"라고 대답했다.

자동차가 다니지 않으면 도시가 후퇴할 것이라는 염려는 하지 않아도 좋을 것 같다. 여성들의 복장이 화려해졌으며 길거리에서 어린 아이들의 뛰어 놀고 거리의 상점들이 고급스러워지기 시작했기 때문이다.

또한 거리에 자동차의 통행이 금지되자 거리에는 새로운 문화가 생겨나고 있다.

먼저, 화가들의 등장이다. 이들 화가들은 광장마다 한복판에 캔버스를 펼쳐놓고 10여 명씩 그림을 그리고 있는데, 지나가는 행인들 중에서 이들의 그림을 사가는 사람도 목격된다. 화가들은 가끔 행인들을 벤치에 앉혀놓고 초상화를 그려주기도 하는데 한 장에 1만원에서 2만원을 받는다. 40대쯤 되어 보이는 거리의 화가에게 "왜 이곳에서 그림을 그리는가?" 하고 물었더니, "자동차가 달리는 거리에서 그림을 그리는 것은 위험하니까요"라고 대답했다.

그런데 재미있는 것은 초등학교나 유치원의 학생들도 가끔 미술 수업을 이곳에서 받고 있다는 사실이다. 선생님은 어디 갔는지 보이지 않고 어린 꼬마들이 선배격인 거리의 화가들 틈에 끼어서 그림도 그리고 이것저것 물어보기도 하고 또는 선배님들의 장사를 방해하기도 한다.

다음으로는 거리에 악단들이 생겨나고 있다. 이 거리의 악단들은 아주 잘 조직된 악단인 것처럼 보이는데 돈과는 상관이 없는지 음악을 연주하고도 모자를 돌리는 경우가 없다. 대개 교회에서 활동을 하는 악대이거나 고등학교 특별활동 부서에서 활동 중인 남녀혼성 합창단과 그 학교 소속의 오케스트라이기도 한다.

때문에 자동차가 없어진 사대문 안의 서울은 긴 장갑에 레이스가 달린 백색모자, 그리고 천으로 만든 구두를 신은 아름다운 여인, 화가, 자전거를 타는 꼬마들의 모습이 조화를 이루고 있다. 한 가정주부는 "유치원에 다니는 우리 딸아이가 바이올린을 배우고 싶어한다. 내 딸은 레이스가 달린 긴 치마를 입고 여러 사람이 구경하는 광장 한복판에서 멋지게 연주를 하는 것이 꿈이다"라고 말했다.

한편 새롭게 번창하는 산업 중에는 화초산업이 있다. 길거리의 여기저기에 꽃을 파는 화원들이 많이 생겼다. 거리에 상품을 내다 놓고 팔아도 되는 장사가 바로 꽃 장사다. 길거리에 화분을 길게 늘어놓아도 불평을 하는 사람이 없으니 장사치고는 특권을 부여받은 것으로 보아야 한다.

이렇게 화초 장사가 늘어난 이유는 거리에 자동차가 다니지 않기 때문에 공기가 맑아졌고 그 맑아진 공기 속에서 화초의 수명이 길어

졌기 때문이다. 시민들이 화초를 많이 구입하게 된 것도 물론이다. 그리고 또 하나, 비싸진 물가 때문에 남의 집을 방문할 때 웬만한 선물보다는 차라리 화분이나 꽃다발을 선물하는 것이 경제적이기 때문에 화초 산업이 잘된다고 풀이하는 사람도 있다. 그래서 그런지 가정마다 창문 베란다에 화초를 내놓기 시작했고, 거리의 화가들은 이런 거리의 풍경을 캔버스에 담기 시작했다.

서울 사대문 안에서의 차량 통행이 금지된 지 1년을 맞고 있는 이 시점에서 사회 각계의 의견을 들어본다.

"우리는 잃어버린 것을 찾았다. 아이들이 너무너무 좋아한다. 나도 좋다. 살기에 편하다. 자동차를 타고 다니지 않으면 불편할 것이라는 걱정은 정말 쓸데없는 걱정이었다. 좋다. 나는 여기가 좋다." (사대문 안에서 살고 있는 30대 주부)

"살기는 편하지만 걱정이 태산 같다. 여기는 자꾸 문화가 퇴보하는 것 같다. 강남과 같은 곳은 자꾸 고급 고층 빌딩과 호화스러운 건물들이 늘어나고 유명 백화점이 줄을 지어 서 있다. 땅값도 여기보다는 몇 배가 올랐다. 우리 집을 팔면 강남에 가서 전세도 들 수 없다. 우리는 앉아서 손해를 보고 있다. 불안하다. 살기는 편하지만 손해 보는 것은 싫다. 살기 편한 곳이 집값도 높은 곳이 되었으면 한다. 만약 이

대로 앉아서 손해를 계속해서 보게 된다면 이사를 가든지 해야겠다.”
(사대문 안의 또 다른 주부)

“미친 짓이다. 세상이 다 변하고 있는데 우리만 거꾸로 가고 있다. 불편하기 짝이 없다. 아침 일찍 차를 몰고 사대문을 빠져나가지 못하면 전철을 타고 출근을 해야 한다. 그리고 퇴근할 때도 시간에 맞추어 들어오지 못하면 차를 사대문 밖에 두고 들어와야 한다. 저녁에 마음 놓고 한잔할 수도 없다.” (사대문 안에서 다른 지역으로 출퇴근하는 회사원)

“사대문 안의 주민들을 위해 지하철역을 늘이겠다. 승객들이 지하철역에서 내린 뒤 걸어서 5분 안에 어디든지 갈 수 있도록 지하철역을 늘이는 것이 서울 지하철 공사의 목표다. 그리고 짐을 들고 승하차하는 승객들을 위해 지하철 역사의 계단을 가능한 한 빨리 에스컬레이터화 하겠다. 또한 지하철역에 비치되어 있는 자전거는 좀 더 견고한 고급 제품으로 바꾸겠다. 지하철역에는 별도의 용역 회사를 상주시켜 커다란 짐을 대신 수송해 주는 일을 담당하도록 하겠다. 이용을 원하시는 승객은 일정액의 요금을 지불하면 이런 서비스를 받을 수 있다.” (지하철공사 사장)

“사대문 안에 차량 통행이 금지된 이후로 우리 백화점은 새로운 두 가지 영업 전략을 수립했다. 즉 사대문 밖의 외부인을 위한 영업 전략과 사대문 안의 지역 주민을 위한 영업방침이다. 먼저 외부인을 대상으로 한 영업 전략을 말씀드리겠다. 종전에는 백화점에 쇼핑을 온 주부들은 숙녀복이나 기타 손으로 운반이 가능한 물건뿐만이 아니라 텔레비전, 냉장고와 같이 부피가 큰 가정용품들도 구매했다.

물론 이런 부피가 큰 가정용품들은 지금도 예전과 다름없이 가정으로 배달된다. 그러나 부피가 큰 물건을 사려는 소비자들은 심리적으로 불안을 느끼는 것이 사실이다. 당연히 냉장고, 침대, 세탁기 같은 물건들은 배달 서비스를 받을 수 있다는 것을 알고 있으면서도 이런 물건들을 사기 위해 대문을 나서는 순간, 사대문 안의 백화점은 구매 장소에서 제외된다.

따라서 우리 백화점은 이런 물건들의 판매를 포기하거나 아니면 반대로 소비자들의 이런 심리를 이용해야 한다. 즉, 소비자들 스스로가 구매하려는 상품의 가격을 생각해 볼 때 조심스럽게 배달하지 않으면 안 된다고 판단되는 물건들을 판매하는 것이다.

그래서 우리 백화점의 캐치프레이즈는 우리는 두 손으로 조심스럽게 날라다 드립니다이다. 결국 한마디로 말씀드려서 외부인을 상대로는 고급스러운 물건을 팔겠다는 전략이다. 구체적으로 말하면 강남이나 기타 지역의 백화점과는 전혀 다른 상품을 취급하는 것이다. 상품의 수준은 최고급의 고가품을 전시한다. 같은 보석류라 하더라도 단순히 금반지나 목걸이 정도가 아닌 보석으로 장식된 일종의 예술품을 판매하는 것이다. 물론 이런 것들은 판매만을 목적으로 하는 것이 아니다. 자동차가 다니지 않는 도심은 머지않아 유럽의 고도(古都)처럼 고급 관광지가 되어갈 것이다.

이런 관광지는 다른 일반 관광지와는 달라서 부유한 외부인이 도심으로 들어오게 되어 있다. 대부분의 사람들은 돈을 벌게 되면 아파트와 차를 산다. 그리고 계속해서 돈을 벌게 되면 아파트를 팔고 정원이 있는 단독주택으로 이사를 하고 싶어한다. 사람들의 쇼핑심리도 이와 마찬가지여서 예전처럼 자동차를 백화점의 지하주차장에 주차시키고 엘리베이터를 타고 올라가 이것저것 마구 뒤엉켜 있는 큰 잡화점에서 하는 쇼핑을 더 이상 즐기지 않는다. 때문에 우리 백화점은 기존의 백화점 건물과는 별도로 2, 3층짜리 건물을 여러 개 사서 일종의 전문점 거리를 만들 계획을 하고 있다.

다음으로는 사대문 안의 지역 주민을 위한 영업 전략을 말씀드리겠다. 사대문 안의 주민들을 위해서 백화점은 슈퍼마켓화해야 한다고 생각한다. 주부들은 매장의 입구에 들어서면서 4개의 바퀴가 달린 손수레를 얻을 수 있다. 이 매장 안을 손수레를 끌고 돌아다니다가 그대로 자기 집에 가져갈 수 있다. 손수레를 대문 앞에 내놓으면 백화점 직원이 돌아다니면서 회수한다. 물론 빈 손수레를 백화점으로 직접 가져오는 주부들은 보증금으로 넣어두었던 동전을 회수할 수 있다. 또한 자전거 배달은 원하는 고객은 무료로 이용할 수 있으며, 일정액의 실비만 내면 가정까지 배달 서비스를 받을 수 있다.

어쨌든 사대문 안의 차량 통행금지는 우리 백화점에 더욱 많은 영업비용을 지출하게 하고 있다. 그리고 굳이 높은 빌딩을 가지고 있어야 할 필요가 있는지 재검토를 하고 있는 중이다.

지금 검토되고 있는 건물 활용방안은 10층 건물 중에서 아래 5개 층만을 매장으로 사용하고 나머지 5개 층은 그룹사의 사무실이나 거주용 아파트로 개조할 생각이다. 거주용 아파트를 만들어 분양하는 것이 가장 수익성이 있을 것으로 생각되지만 여기에는 건축기술상의 문제와 법률적인 문제가 걸려 있다. 만약 이도 저도 안 될 경우 대학의 강의실로 임대하거나 관공서의 사무실로 장기간 임대할 수도 있다.”(백화점 사장)

“그 동안 우편물의 배달이 조금 지연되었던 것은 사실이다. 두 가지 이유가 있다. 첫째는 우편물 차량이 외부에서 사대문 안으로 들어올 수 있는 시간이 아침과 저녁, 이렇게 두 번 뿐이었고 또 사대문 안에서 우편물을 가정으로 배달할 수 있는 방법은 자전거 외에 없었기 때문이다.

그러나 이런 사정은 곧 개선될 전망이다. 사대문 안으로 우편물을 배달해 주는 차량은 이제 휘발유를 사용하지 않고 저속으로 달리는 전지를 이용한 차량으로 바꿀 예정이다. 물론 사대문 안에서 각 가정으로 우편물을 배달하고 있는 자전거도 전지를 이용한 오토바이로 바꿀 계획이다. 이미 전지 차량과 오토바이를 차량 제작회사에 주문해 놓고 있으며 우편물 차량에 한해서 전지 차량의 사대문 안 통행을 허가해 주겠다는 서울시의 방침을 통보 받았다. 이런 배터리 차량과 오토바이는 시민들의 통행에 방해가 되지 않도록 운행할 것이며 시속 30㎞를 넘지 않을 것이다.

이런 조치들이 많은 비용과 인건비를 발생하게 하는 것은 사실이다. 또 솔직히 표현해서 귀찮기까지 하다. 물론 정보통신부로서는 서울시의 이런 조치의 옳고 그름을 평가할 입장은 아니다. 그러나 서울시의 이런 조치 이후 정보통신부는 조금 색다른 경험을 하고 있다. 그것은 고품위 통신 수요의 증가다. 지금까지는 전화로 음성을 교환하는 단순한 전화 통화가 주종을 이루었으나 날이 갈수록 서울 사대문 안팎의 통화 형태가 달라지고 있다.

예를 들면 전화선을 통해서 문자나 그림을 주고받을 수 있는 PC통신과 같은 통신수단의 증가다. 또한 접시 안테나를 이용한 마이크로웨이브망의 설치도 늘고 있고 케이블 TV의 가입자도 폭발적으로 늘고 있다. 그 이유는 사대문 안에 살고 있는 사람들은 일종의 고립감을 느끼고 있기 때문인 것으로 풀이되고 있다. 어쨌든 정보통신부로서는 서울시의 이런 조치를 새로운 통신수단의 개발과 보급의 계기로 삼고 있다." (정보통신부 장관)

"불편한 점이 물론 없는 것은 아니다. 실시 전에는 미처 생각하지 못했던 여러 문제점이 생겨나고 있다. 그러나 반대로 이런 조치들을 찬성하는 사람들도 급격히 늘고 있다. 문제는, 도시가 어떤 형태로 발전할 것인가를 결정해야 한다는 것이다. 당시에 이 조치를 수립했던 서울 시장인 나 자신과 이 조치를 승인해 주었던 서울시 지방의회는 서울을 더 이상 발전시키지 않도록 하는데 의견을 일치했다.

우리는 지금까지 발전이라는 이름 아래 많은 것을 희생해 왔다. 건물이 높아지고 자동차의 숫자가 늘어나는 것을 발전이라고 생각했기 때문이다. 그래서 한때는 서울시에서 발행하는 화보에 서울의 고층 건물 사진만 잔뜩 실었던 때도 있다. 물론 사대문 안의 부동산 상승 폭이 다른 지역보다 떨어지는 것은 사실이다.

그러나 그것은 부동산을 생각하는 우리의 가치가 잘못되었기 때문이다. 주택 가격은 살기 편한 곳일수록 높아져야 한다. 그러나 사실은 그렇지 못한 지금의 부동산 개념이 잘못된 것이다. 많은 사람이 사대문 안으로 유명한 학교를 옮기라고 충고하고 있다. 즉 학군을 바꾸라는 이야기다. 그들은 이 조치를 반대하는 많은 사람으로부터 받게 될 공격에서 벗어날 수 있다는 방법에 대해서도 충고해 주었다. 그러나 나는 그런 일을 하지 않겠다. 특정 지역의 부동산 가격을 올리기 위해 학생들이 공부하는 학교를 이리저리 옮기는 일은 절대로 하지 않겠다. 학교가 부동산 투기의 대상이 되어서는 안 되고 될 수도 없다.

　다시 한 번 이 자리에서 밝히지만, 서울을 발전된 도시가 아니라 살기 좋은 도시로 만들겠다. 발전된 도시에서는 차도 사람도 움직일 수 없지만 살기 좋은 도시에서는 사람은 움직일 수 있다. 나의 계획은 사람이 움직일 수 있는 인간적인 공간을 늘려 나가는 것이다. 어떤 일이든 처음 시작하는 일은 어려움이 따르게 마련이다. 그러나 그 일이 근본적으로 옳은 일일 때에는 계속 추진해야 한다고 생각한다. 어차피 도시란 여러 사람이 조금씩 참아가면서 살게 마련이다. 운전자, 상인, 보행자, 그리고 지역 주민……. 이들 모두를 만족시킬 수는 없다. 그렇게 하려면 모두가 다 불만족스러워진다.

　우리는 더 늦기 전에 무엇이 더 소중한지를 가려내 소중하다고 생각되는 일을 우선적으로 해야 한다. 이런 일을 늦게 하면 나중에 가서는 정작 중요한 일과 그렇지 않은 일이 서로 섞여 혼란을 가져오게 된다. 우리 서울시가 택한 것은 "안락한 주거 공간"이다. 그런데 의외로 안락한 주거 공간을 만드는 데는 비용이 많은 들지 않는다는 사실을 지난 1년 동안 느꼈다. 오히려 주거 공간을 안락하지 않게 만드는 비용보다는 훨씬 싸다." (서울 시장)

　이 글을 읽으신 분들 중에는 깜짝 놀라신 분들도 계실 것이다. 또 글의 중간 중간에 몇몇 분의 직함이 거론된 점도 양해를 구해야겠다. 그런데 정말로 하고 싶은 이야기가 남아 있다. 반만 년의 역사를 가지고 있는 나라의 수도, 그리고 수도로 정한 지 600년이 넘는 서울에서 고도(古都)의 구시가(舊市街, 영어로 표시하면 Old Town)를 발견할 수 없다면 무엇인가 잘못 되어도 크게 잘못된 것이라고 생각해야 한다.

유럽 사람들은 서울이 600년의 역사를 가지고 있다는 사실을 잘 믿으려 들지 않는다. 미국과 같은 신생국가이거나, 2차 세계대전 때 폭격으로 완전히 폐허가 되어버린 도시가 아니면 구시가를 갖고 있지 못한 도시를 발견할 수 없기 때문이다.

이탈리아의 로마를 관광해 본 사람들은 가만히 생각해 보라. 로마의 중심에는 구(舊)도시가 있으며 그 안에서는 자동차의 통행이 금지되었다는 사실이 기억날 것이다. 구도시 안을 통과하려면 그 안에서 살고 있다는 특별 증명서가 필요하다. 혹시 로마를 구경한 사람들 중에서 아직도 이런 사실이 기억나지 않는 사람이 있다면 솔직하게 시인하시기 바란다. 바로 필자가 말하고 싶은 핵심이 그 안에 있기 때문이다.

로마라는 도시는 구시가 안에서 자동차를 다니지 않아도 불편을 느끼지 못하게 되어있다. 도시 계획의 기본이 바로 여기에 있다. 로마에는 관광객을 위한 마차가 다닌다. 벨기에의 경우도 마찬가지다. 또 유럽의 여러 도시는 구시가에 차량의 출입이 금지되어 있으며 구시가를 둘러싸는 순환도로를 만들어놓고 이 순환도로의 안쪽은 차량의 통행을 금지시킨다.

지하철이 없는 지하철역

정부에서는 에너지 낭비를 막기 위해 시민들에게 지하철 탑승을 권유한다. 시민들에게 지하철을 보다 많이 이용하게 하려면 지하철을 지금보다 훨씬 편하게 만들어 주어야 하는데 실제로 지하철을 이용해 보면 불편한 점이 한두 가지가 아니다.

예를 들면 서울지하철 예술의 전당역에서 내려 예술의 전당까지 가는데 20분은 걸어야 한다. 그것도 계단을 오르내려야 하는 대단히 커다란 노력이 추가돼야 한다. 따라서 지하철역과 예술의 전당 사이에 지하 무빙워크(Moving Walk)를 연결해야 한다. 또 서울 잠실의 종합운동장역과 운동장 사이 역시 무빙워크를 설치해야 한다.

마찬가지 요령으로 전철 과천선도 종합청사까지 지하 무빙워크를 설치할 필요가 있다. 과천 정부 청사와 지하철역 사이에 지하 무빙워크가 연결돼 있다면 서울에서 과천으로 출퇴근하는 대다수의 서울시민들이 승용차를 포기하고 지하철을 이용할 것이다. 아마 장관들도 자동차보다는 지하철을 이용하는 것이 보편화될 것이다. 프랑스에서는 이런 무빙워크가 보편화 돼 있다.

물론 지하철노선의 증설도 필요하지만 지하철의 이용을 쉽게 해줄 수 있는 이런 방식이 많이 개발돼야 한다. 교통 문제 해결책을 말하는 많은 사람이 '지하철 노선의 증설'을 외쳐댄다. 하지만 기존의 지하철역사에 승객을 쉽게 실어 줄 수 있는 소규모의 자동화된 지하 터널(무빙워크)을 설치하는 것도 한 가지 방법이다.

예를 들면 지하철이 없는 지하철역의 탄생이 그것이다. 사람의 통행이 잦은 곳에 지하철역을 만든다. 물론 그 곳에는 지하철 노선이 없다. 하지만 승객들이 이 역사에 들어서면 지하 무빙워크가 있어서 승객들을 빠르고 안전하게 근처의 지하철역으로 수송해 준다.

이런 역사의 건립은 재개발 지역 등 대규모 신축 주택 단지에 대단히 유리하다. 서울시는 재개발을 원하는 지역에 '지하철이 없는 지하철역의 신설을 조건' 으로 재개발 허가를 내줄 수 있다. 물론 공사의 주체는 개발 사업자이지만 필요하다면 일부의 경비를 서울시 예산에서 지출하는 것도 고려해 볼 만하다.

그리고 서울시내 전 지하철역사의 계단에 에스컬레이터를 설치해야 한다. 100년 전에 설계했던 외국의 지하철도 기존의 계단을 고쳐서 에스컬레이터를 설치했다.

우리의 경우 적어도 올라가는 계단은 모두 에스컬레이터를 설치해야 한다. 지하철의 부채를 청산하기 위해서라도 지하철 서비스를 개선할 필요가 있다. 지하철이 편해지면 편해질수록 시민들이 지하철을 많이 이용할 것이다.

문화벨트를 만들자

만약 서울에 문화벨트를 만든다면 어떻게 될까? 벨트라는 단어에서 읽을 수 있듯이 문화벨트는 우리의 문화를 보호해 주는 역할을 할 것이다. 과연 우리의 문화는 보호 받아야 하는가? 물론이다. 우리의 문화를 보호하고 육성 발전시키기 위해서는 문화벨트가 필요하다.

문화벨트란 서울의 문화공간을 연결하는 것이다. 구체적으로 설명하면 세종문화회관, 예술의 전당, 대학로, 덕수궁, 경복궁, 창경궁 등 서울의 역사유적지와 문화예술 공간을 한데 묶는 것이다. 어떻게 이런 공간들을 한데 묶을 수 있는가? 케이블카로 연결하면 된다. 서울에는 이미 남산에 케이블카가 있다.

이처럼 남산-덕수궁-세종문화회관-경복궁-창경궁-대학로-북한산-인왕산-한강-관악산-예술의 전당 등을 케이블카로 연결하는 것이다. 왜 이런 역사유적지와 문화 예술 공간, 그리고 산을 연결하는가? 우리 문화의 전통은 산과 강을 배경으로 이루어졌다. 그리고 우리의 역사유적지는 이런 자연과 조화를 이루고 있다. 때문에 우리의 문화도 이런 자연적인 배경을 벗어날 수 없다.

예술의 전당, 세종문화회관, 대학로 등의 현대적인 문화예술 공간도 북한산, 남산, 한강, 관악산을 잇는 하나의 맥으로 포용될 수 있다. 산과, 강, 역사유적 그리고 문화 예술 공간이 하나의 끈으로 연결되면 민족 문화는 엄청나게 발전할 것이며 또 힘을 발휘할 것이다.

북한산에 케이블카를 설치하는 문제를 놓고 그 동안 여러 번 찬반 논쟁이 있었다. 자연을 파괴할 수 있다는 우려 때문이다. 이런 점이 우려된다면 북한산과 관악산 등의 케이블카 정류장은 산정상이 아니라 산의 입구에 설치하면 된다. 또 방법을 강구하면 고궁의 역사성을 훼손하지 않으면서도 케이블카 설치는 얼마든지 가능하다.

서울에서 역사유적과 산, 문화 공간을 찾으려는 외국인은 무조건 케이블카를 타면 된다. 물론 서울 시민도 마찬가지다. 이 문화벨트는 과천대공원과도 연결이 가능하다. 문화란 고귀하면서도 대중성이 있어야 하기 때문이다. 또 누구든 문화벨트와 연결될 만한 공간을 창조하는 사람과 단체가 있다면 심사를 거쳐 이 문화벨트에 연결될 수 있다.

공연을 보기 위해 몇 시간씩 도로에서 허비해야 하는 현재의 교통 상황 속에서 문화의 발전은 기대할 수 없다. 문화벨트는 도로의 혼잡을 줄여보기 위한 보조 교통수단이 아니라 문화를 사랑하는 사람들이 쉽게 문화 공간에 접근할 수 있는 문화의 생명 줄처럼 인식돼야 한다.

그렇다면 누가 문화벨트를 건설할 것인가? 물론 서울시가 건설한다. 하지만 민간업자도 문화벨트 건설에 상당한 매력을 느낄 수 있다. 또 문화벨트인 케이블카는 여러 가지 목적으로 사용될 수 있다. 첫째는 서울시의 각종 재난을 예견하는 소방망루처럼 사용될 수 있다. 케이블카의 철탑에 적외선 감지장치, 음파측정기, 공해물질 탐지기 등을 설치할 수 있기 때문이다.

또 이 철탑들은 도시형 케이블TV의 중계 탑으로 이용될 수도 있다. 그러나 무엇보다도 이 철탑들이 그 자체로 예술품이 될 수 있다. 설계만 잘하면 케이블카 철탑은 야간에 레이저 광선을 이용한 도시 예술의 무대로, 또 레이저광선 발사대로도 이용이 가능하다.

여기서 우리는 한 가지 색다른 가정을 해볼 수 있다. 케이블카를 서울시내 25개 구청의 문화센터 또는 구민회관과 연결을 하는 것 이다. 이렇게 되면 각 구청은 나름대로의 문화적인 이벤트들을 개발할 것이다. 서울 시민은 케이블카를 타고 25개 구청에서 주최하는 문화 행사를 즐길 수 있다. 아마 이렇게만 된다면 서울은 국제적으로 매우 독특한 문화 도시로 성장할 것이다.

청계천 복원은
아직 끝나지 않았다

14

아래의 글은 필자가 파리 특파원에서 돌아온 다음해인 1993년 《민선 서울특별시장》(을지출판사, 1993)이라는 소설을 통해서 발표한 내용이다. 또 필자는 1995년 동일한 내용을 담은 '600년 후의 서울'이라는 제목의 글로 방송문화진흥회로부터 방송 소재 공모 대상을 수상한 바 있다. 이처럼 이 글의 발표 시점을 밝히는 이유는 불필요한 오해를 없애기 위해서다.

600년 후의 서울

서울은 작년으로 정도 600주년을 맞았다. 서울은 이제부터 지나간 600년이 아니라 앞으로 다가올 600년 후를 대비해야 한다. 즉 600년 후의 서울을 구상하자는 것이다. 600년 후의 서울을 어떻게 구상할 것인가? 많은 사람은 각계의 전문가가 모여서 600년 후의 서울을 구상해야 한다고 말할지 모른다. 천만의 말씀이다. 전문가는 2~3년 앞을 내다보지 못한다. 중요한 일은 전문가에게 맡기면 안 된다. 전문가는 중요한 문제가 결정되고 난 뒤 아주 지엽적인 문제들만 하청 받아서 해결하면 된다.

그러면 각계의 전문가를 배제시키면 누가 600년 후의 서울을 구상해 낼 것인가? 미술가다. 한자어로는 畵家(화가)라고 말한다. 화가의 범주에는 만화가도 포함된다. 이미 백여 년 전에 만화가들은 사람이 달에서 뛰어다니는 것을 그렸다. 현재 인간은 우주선을 타고 달에 갈 수 있다. 만화가들의 뜻대로 된 것이다. 전문가들은 이런 것을 생각해 낼 수 없다. 만화가를 포함한 미술가들만이 600년 후의 서울을 구상해 낼 수 있다.

서울 정도 600년 기념행사 중에 빠진 것이 있었다. 그것은 전 세계의 미술가들에게 '600년 후의 서울모습' 을 공모하는 것이다. 이 공모에 한국 화가만 참여시킬 필요는 없다. 전 세계의 모든 화가로 하여금 참여의 기회를 주어야 한다.

100년 전 파리 시를 설계한 사람은 오스만이라는 사람이다. 오스만이라는 성(姓)은 프랑스에 없다. 이제라도 늦지 않았으니 600년 후의 서울을 세계 미술가들에게 공모했으면 한다. 이런 계획이 발표되면 전 세계의 화가들은 전부 서울로 몰려들 것이다. 일단 서울을 구경해야 공모에 응할 수 있기 때문이다.

얼마나 많은 화가가 몰려올 것인가? 주체할 수 없을 만큼 많을 것이다. 이 지구상에는 그림을 업으로 하고 있는 사람들이 많다. 그들에게 이런 기회는 천지개벽 이래 없었다. 아마 피카소가 살아 있었다면 제1호로 공모 등록을 할지도 모른다. 실제로 파리에서는 능력 있는 미술학도에게 지하철역을 하나씩 맡긴다. 파리 시는 전혀 간섭을 하지 않는다.

미술학도는 혼신의 힘을 다해서 지하철 역사 개조 작업을 한다. 일반인들은 상상조차 할 수 없는 일들이 파리 지하철 역사 안에서 벌어지고 있다. 그래서 파리는 지하철 역사마다 그 내부 장식이 다르다. 미술학도들은 돈을 번다는 것보다 자신의 작품이 파리 지하철역에 남게 된다는 데 만족하고 있다. 물론 이렇게 선택되는 미술학도는 프랑스 사람이 아닌 외국의 미술학도가 대부분이다. 마치 정명훈 씨가 프랑스 오페라단의 지휘자로 열심히 일했듯이 이들도 신명나게 파리 지하철역사 개조작업을 하고 있는 것이다.

서울시 관리가 장기도시계획을 수립하는 일은 중지돼야 한다. 서울시 관리는 행정가다. 행정가는 장기적인 도시계획을 수립할 수 없다. 행정은 서비스다. 서비스는 어떤 종류의 서비스든 마찬가지다. 서울시 공무원이든 항공기 승무원이든 상관없이 이들은 모두 서비스맨이다. 하지만 항공기 승무원이 비행기를 디자인할 수는 없다. 마찬가지로 서울시 공무원은 600년 후의 서울시 도시계획을 세울 수 없다. 능력이 부족해서가 아니라 영역이 다르기 때문이다.

우리나라에서 프랑스로 유학을 간 건축학과 학생들은 당황한다. 프랑스 대학에는 공대에 건축학과가 없다. 미대에 속해 있다. 건축은 미술이다. 즉 도시설계도 미술가들이 해야 하는 것이다. 서울시 관리의 자질을 의심해서가 아니다. 서울시 관리는 미술가들이 아닐 것이 틀림없다. 이들에게 도시설계를 맡기는 것부터가 잘못이다.

프랑스의 도시설계가들은 미술가들인가? 물론이다. 파리 시장(며칠 전 대통령이 됐다)은 휴지통 정도는 멋지게 디자인 할 줄 아는 프로 미술가다. 프랑스는 신문 편집도 미술가가 한다. 프랑스 신문을 보면 그림이 많다. 그림이 많은 신문이나 잡지일수록 고급이다. 사진과 그림은 다르다. 책에 그림이 들어가면 제작비가 많이 든다. TV 광고도 돈을 들여서 잘 만든 광고를 보면 그림이 사용된 것을 알 수 있다.

몇 년 전 어느 커피 회사의 TV 광고는 제작비가 굉장히 많이 들어간 잘 만든 광고다. 스커트를 입고 있는 여인이 커피 잔을 들고 있다가 커피 잔 안으로 빨려 들어가면서 젊은 남자와 춤을 추는 장면인데 이때 여인의 춤추는 모습이 수백 장의 스케치로 표시된 광고였다.

유럽에서는 고급 호텔 일수록 호텔 벽면에 값비싼 그림이 걸려 있다. 사진이 걸려 있으면 싸구려 호텔이다. 유럽의 고급 신문들은 사진 대신에 그림을 쓴다. 우리나라의 신문들도 부분적으로나마 통계 수치 등에 그림을 사용하고 있다. 잡지나 신문을 고를 때 그림이 많이 있는 것을 고르면 후회하지 않을 것이다. 격조 있는 신문과 잡지만이 그림을 사용할 수 있기 때문이다.

그림에 대한 프랑스인들의 감각은 뛰어나다. 프랑스인들은 학교에서 수업을 받을 때 노트의 한쪽 부분 또는 군데군데에 여백을 남겨둔다. 그리고 이 여백에 무엇인가 그림을 그려 넣는다. 이런 일은 습관화돼 있다. 대학 교수들도 세미나에 참석해서 이런 일을 한다. 우리나라 직장인들의 책상 위에는 사진이 한두 장 있다. 대개의 경우 가족사진이다. 그러나 프랑스인의 사무실 책상에는 그림이 한두 점씩 있다. 이것이 바로 한국인과 프랑스인의 차이다. 그런데 최근 들어 우리나라 직장인 중에도 잡지에서 오린 그림을 책상 유리 밑에 넣어두는 사람이 하나둘 생겨나고 있다. 사진 문화에서 그림 문화로 옮겨가는 것이다. 이런 사람들에게 수세식 화장실과 냉장고는 문화 시설로 인식되지 않는다.

이런 사람들이 많아지면 도시는 변해야 한다. 도시 그 자체가 예술품이어야 하는 것이다. 도시의 모습이 이런 사람들의 미적 요구에 부응하지 못할 때 도시는 이들에게 불편한 곳으로 전락하고 만다. 이 세상에 가장 지고한 선(善)은 사랑이다. 그런데 예수님이 아닌 보통 사람들에게 사랑의 전제 조건은 아름다움에 있다. 즉 아름답지 못한 이성을 사랑하려면 대단한 인내와 시간이 필요한 것이다. 때문에 이 세상이 사랑으로 가득 차기 위해서는 일단 이 세상의 남녀가 모두 미남미녀일 필요가 있다.

그러나 이런 일은 불가능하다(최근에는 성형수술 의 발전으로 어느 정도 가능해지기는 했다). 하지만 기왕에 돈을 들여서 도시를 만들려면 아름답게 만들어야 한다. 도시의 첫째 조건은 아름다움이다. 도시의 첫째 조건이 아름다움이라는 것에 이의를 제기하는 사람들도 있을 것이다. 예를 들면 도시의 편리성을 첫 번째 조건으로 꼽는 사람들이 있을 것이다. 하지만 아름다운 도시는 처음부터 편리하게 설계 될 수 있지만 편리한 도시를 아름답게 만들려면 자꾸 땅을 파야 한다.

따라서 도시 설계는 미술가에게 맡겨야 한다. 특히 600년 후의 서울을 설계하는 일은 절대적으로 미술가의 일이다. 미술가들에게 600년 후의 서울을 맡기면 어떻게 될까? 아마도 다음과 같이 서울을 그려낼 것이다.

미술가들은 서울 청계천의 고가를 뜯어내고 복개한 부분을 원상회복시켜서 청계천을 본래의 모습으로 되돌려 놓는다. 그리고 인천 앞바다에서 출발한 배가 한강을 거쳐서 청계천을 이용해 서울 도심까지 들어온다. 청계천뿐만 아니라 한강과 연결된 서울 시내의 모든 개천은 소형 배가 다닐 수 있도록 만들어진다. 수량(水量)은 걱정할 필요가 없다. 배가 다닐 수 있을 정도의 물은 항상 흐르도록 인공 설계할 것이다. 그리고 서울 시내의 모든 산은 주택이 철거되고 본래의 모습을 되찾을 것이다.

서울의 건물은 산, 강, 개천과 조화를 이루면서 건축된다. 이때 중요한 점은 서울의 지리적 중심인 여의도를 기준으로 건물의 높이와 모양이 결정된다는 점이다. 즉 모든 서울 시내 건물의 높이는 여의도에서 바라다 보이는 남산, 삼각산, 관악산 등의 등고선에 따라서 결정된다. 그리고 서울 시내에는 서울 시민이 자급할 수 있는 전력을 생산해 내는 풍력 발전소가 세워진다. 건물의 여기저기에 커다란 발전용 풍차들이 돌아갈 것이다. 풍력발전을 우습게보면 큰코다친다.

미국에는 풍력발전소의 풍차(바람개비)크기가 63빌딩만한 것도 있다. 또 풍차는 아름답다. 지구가 존재하는 한 바람은 끊임없이 분다. 바람은 불경기 때도 분다. 바람은 원가가 존재하지 않는다. 앞으로의 에너지는 풍력이다. 그리고 서울 시내에는 서울 시민들이 충분히 먹을 수 있는 야채가 생산된다. 시내 여기저기, 또 건물 옥상마다 유리하우스가 설치돼서 서울 시민에게 싱싱한 야채와 과일을 공급할 것이다.

서울 한복판에서 만들어진 공산품은 청계천이나 기타 하천의 부두에서 선적되어 한강을 거쳐 곧바로 수출된다. 이런 일이 불가능하다고 여기는 사람이 있다면 파리 여행을 권하고 싶다. 파리에서는 외국으로 수출품을 보낼 때 파리 강변의 보세창고로 보낸다. 이 창고 옆에는 배가 정박해 있다. 배는 파리 시내 건물 사이(건물 아래로 센 강이 흐른다)를 통과해 대서양 항구에 있는 커다란 배로 이 물건들을 옮겨다 준다.

최근 우리나라 신문 지상에 자주 등장하는 '물류비용' 이라는 개념을 유럽 국가들은 이미 수백 년 전에 도입해서 사용하고 있다. 청계천변의 전자상가와 공구상가를 옮기는 일은 단견이었다고 생각한다. 오히려 더욱더 발전시켜야 했다. 청계천변에서 만들어진 공산품들은 곧바로 배에 실려 인천항이나 영종도 공항으로 갈 수 있기 때문이다. 우리나라 사람들은 이런 사실을 애써 외면하려고 한다. 네덜란드의 암스테르담은 우리나라의 청계천 개발계획을 세우는데 많은 도움을 줄 수 있을 것으로 생각한다.

최근 한 연구기관에서 청계천 위의 삼일고가도로를 복층화하는 계획을 발표했다. 이 계획의 핵심은 늘어나는 교통량을 처리해 보고자 하는 것이다. 하지만 아주 어리석은 계획이다. 중요한 점은 늘어나는 교통량을 처리하는 데 있지 않다. 문제의 핵심은 교통량 그 발생 자체를 없애거나 줄여야 하는 데 있다. 청계천위의 삼일고가도로를 복층화하면 당연히 삼일고가의 입구와 출구 쪽 교통량은 늘어난다. 이런 문제를 해결하기 위해서 또다시 도로를 확장해야 한다. 이를 위해서는 엄청난 세금을 거두어야 하며 또 많은 세금으로 확장된 도로들은 곧 더욱더 심한 교통체증으로 시달리게 된다.

이제는 도로율을 높이는 것보다는 도로의 효율을 높이는 쪽으로 연구를 진행해야 한다. 도로의 효율을 높이기 위해서 강과 개천을 최대한 활용하는 방법이 있다. 많은 사람이 우리나라 강과 개천의 구조적인 문제를 예로 들어서 강과 하천의 이용이 불가능하다고 말한다. 강과 하천의 구조적 문제 때문에 이것을 이용하지 못하는 민족은 머리가 나쁜 민족이다. 현대의 토목 기술은 이렇게 머리가 나쁜 민족을 위해서 존재한다. 낙후된 토목기술을 선진기술로 바꾸어 도입하고 이것을 시공하는데 드는 비용은 청계천 위의 도로를 복층화하고 이에 따른 부수적인 문제들을 해결하는 비용보다 훨씬 싸다.

우리나라의 한강은 강원도 설악산 밑에서부터 인천 앞바다까지 연결돼 있다. 거꾸로 말하면 인천에서 출발한 배가 설악산 밑을 통과해서 속초나 묵호항에 도달할 수 있다는 것이다. 이런 일이 불가능한가? 천만의 말씀이다. 유럽의 유명한 강인 라인 강은 흑해에서 출발한 배가 불가리아, 헝가리, 독일, 프랑스 등을 거쳐 대서양에 도착한다. 인천에서 출발한 배가 속초나 묵호항에 도착하는 일은 이것에 비하면 식은 죽 먹기다. 서울에서 설악산을 가려는 사람은 여의도 선착장이나 잠실 선착장으로 가면 된다. 남북만 통일되면 금강산 관광도 여의도 선착장이 출발점이 될 것이다.

이런 일을 전문가에게 맡겨서는 불가능하다. 전문가들이 할 수 있는 일이란 ‘현실성이 없다’ 는 말뿐이다. 미술가들만이 가능하다. 미술가는 그림을 그릴 때 멀쩡한 개천을 복개해서 자동차 길로 만들지 않는다. 그런 일은 아름답지 않기 때문이다. 600년 후의 서울은 우리가 생각하는 것처럼 거창하지 않을 것이다. 그러나 가장 아름다운 모습으로 변모할 것이다.

앞으로 선출될 민선 서울 특별 시장이 해야 할 일은 서울을 아름답게 가꾸는 일이다. 도로를 더 만들고 아파트를 더 높게 짓는 것이 중요하게 느껴지더라도 참아야 한다. 도로에 자동차들이 막히면, 또 아파트가 부족하면 많은 사람이 서울을 떠날 것이다. 서울은 아름답게 살기에 적당한 인구만을 시민으로 확보하면 된다.

그 이외의 일은 서울 시장의 업무영역을 벗어난다. 서울 시장은 걱정할 필요가 없다. 전국의 모든 행정 구역이 각자 가장 아름다운 곳으로 바뀌기 위해서 노력한다면 대한민국은 지구상의 천국이 될 것이다. 만약 이런 일이 불가능하다고 생각하는 사람이 있다면 바로 그런 사람들이야말로 돈 주고 사서 고생하는 사람들이다. 개천 위에 이층도로까지 만들어가면서 서울에 살고 싶은 사람들만 모인 서울에서 사는 일은 아마도 인간적인 삶을 포기하는 것일지도 모른다.

신도시에 대해

15

전 한국은행 총재가 언론과의 인터뷰에
서 "지금 신도시를 건설하는 것은 재앙의 서곡이다"라고 말했다. 최
근 일본에서 공부를 마치고 돌아온 한 언론사의 부동산 팀장은 다음
과 같은 말을 했다. "나는 한국을 떠날 때까지만 해도 집값 안정을 위
해 신도시를 개발해야 한다는 '신도시 개발론자'였다. 그런데 일본
에서 생각이 바뀌었다. 신도시는 국가에 재앙을 가져올 수 있다." 앞
서 두 사람을 비롯한 신도시 건설 반대론자들의 반대 이유를 종합해
보면 아래와 같다.

주택 가격이 뛰었다. 사람들이 선호하는 지역의 공급을 늘려주면

된다. 그런데 정부는 사람들이 살고 있는 지역에서 멀리 떨어진 곳에 신도시를 건설한다. 신도시를 건설하기 위해서는 도로 등 많은 기반 시설을 추가로 설치해야 한다. 그런데 머지않아 우리나라의 인구는 줄기 시작할 것이다. 인구가 줄어들기 시작하면 서울의 도심에도 빈 집이 생긴다. 즉 서울 중심의 집값이 하락한다는 뜻이다.

서울의 집값이 하락하면 교외의 사람들이 서울로 들어온다. 교외의 사람들이 서울로 들어오면 교외의 집값은 하락한다. 교외의 집값이 하락하기 시작하면 '신도시 탈출러쉬'가 시작된다. 누가 먼저 신도시를 탈출하는가의 경쟁이 시작되는 것이다.

이때 가장 빠르게 신도시를 탈출하는 사람은 젊은이들이다. 젊은이들은 일자리가 도시에 있기 때문에 항상 잠재적인 탈출 대기자였다. 신도시에서 젊은이들이 빠져나가면 노인만 남는다. 실제로 지금도 분당 남쪽에 만들어진 신도시에는 대부분 노인만 산다.

신도시에 관한 한 일본은 우리가 본받지 말아야 할 역교과서이다. 버블기에 동경 주변에 만들어진 중소 규모의 신도시들은 인구 감소와 함께 불황기를 겪으면서 사람이 살지 않는 유령도시로 변하고 있다. 경제 불황이 깊어지자 신도시의 젊은이들은 일자리를 찾아 동경으로 이사하기 시작했다.

한번 시작된 신도시 탈출 엑서더스는 누가 더 먼저 신도시를 탈출하는지 경쟁이라도 벌이듯 진행됐다. 젊은이들이 떠난 신도시에는 힘없는 노인들만 남게 됐다. 젊은이들이 없는 신도시에서는 경제 활동이 멈추게 마련이고 경제 활동이 없으니까 세금도 안 걷힌다. 부양해야 할 노인들만 늘어났다.

하지만 일본의 중앙정부는 이 문제에 대해 특별한 대책을 마련하지 못하고 있다. 동경 주변의 신도시 중에는 상당히 규모가 큰 곳도 있다. 이런 신도시는 사정이 어떤가? 물론 작은 규모의 신도시처럼 유령 도시로 변하지는 않았지만 우리에게 시사하는 내용이 커서 마쿠하리 신도심(幕張新都心)과 요코하마의 미라토미라이 21에 대해서만 소개한다.

마쿠하리 신도심(幕張新都心)

버블기에 동경에는 오피스가 부족했다. 일본 정부는 야심에 찬 계획을 세웠다. 치바현 마쿠하리 시에 미래형 신도시를 만들기로 결정한 것이다.

마쿠하리 신도심은 동경역에서 29분, 신주쿠역에서 44분, 하네다 공항에서 45분, 나리타공항에서 30분 거리에 입지한 도시로서, 동경 비즈니스용 토지의 대응으로 역할이 기대되는 최상의 신도시였다. 특히 일본의 국제 관문이라 할 수 있는 나리타공항으로부터의 접근성이 매우 우수한 것으로 평가되었다.

일본 정부는 마쿠하리 시를 새로운 시대를 선도하는 산업의 거점

도시로 성장시키기 위해 IT관련 산업, 벤처기업, 외국계 회사를 유치하기로 마음먹었다. 그래서 신도시 시민들이 동경으로 출퇴근할 필요 없이 신도시에서 자고 일할 수 있도록 거주인과 근무자 등이 함께 만들어 나가는 쾌적하고 정감 있는 도시를 만들기로 하고, 국제 전시장을 중심으로 한 비즈니스타운을 조성했다.

1994년 5월 말까지 일본 및 대외 대표 기업 15개 사가 본사를 국제 전시장 옆의 비즈니스타운으로 본사를 옮겼다. 마쿠하리 시의 대표적인 오피스빌딩인 마쿠하리 테크노가든과 월드 비즈니스가든에 입주한 기업은 약 300개 사(社)를 넘었으며 약 4만여 명이 취업했다.

그러면 오늘날 마쿠하리 신도시의 결과는 어떠한가? 비즈니스타운은 참패했다. 버블기에 마쿠하리 신도시로 본사를 옮겼던 대기업들은 불황이 깊어지자 다시 동경으로 본사를 이전했다. 또 동경 시내에 대규모 재개발로 오피스 빌딩이 많이 들어서게 됨에 따라 동경의 오피스 임대료는 상대적으로 저렴해졌다. 당연히 마쿠하리 신도시에 있던 기업들은 다시 동경 시내로 들어갔다. 전철을 30분씩이나 타야 하는 불편을 감수할 이유가 없어진 것이다.

이 부분을 다시 한번 정리해 보면, 마쿠하리 신도심은 버블 붕괴 전 계획된 신도시로서, 동경의 오피스 수요를 분산시키기 위해 국제 전시장을 중심으로 업무 기능을 배치하는 형태로 구성된 도시였다. 계획 당시에는 동경에 집중된 오피스 수요를 상당 부분 분산시켜 자족 가능한 형태의 도시로 구상되었으나 버블이 붕괴해 오피스에 대한 수

요가 급감하고 동경 도심의 지속적인 재개발로 인해 동경의 오피스임
대료가 싸짐으로써 초기의 목표를 달성하는 데 실패한 것이다.

요코하마 미나토미라이 21

버블경제가 한창이던 당시 일본 정부는 미래의 도시 계획으로 요
코하마 시 외곽에 미나토미라이 21이라는 프로젝트를 마련했다. 약
1,100㎢의 기존 부지와 760㎢이 조금 넘는 매립지 위에 들어서는 이
신도시에는 취업 인구 19만 명과 거주인구 1만 명을 수용하도록 계획
되어 있었다.

21세기를 향한 미래 도시를 추구한다는 말에 걸맞게 의욕적으로
추진된 미나토미라이 계획은 불행하게도 그다지 성공적이지 않았다.

물론 계획된 대로 사업은 2000년 완공되었으나 민간의 투자가 이
루어지지 않아 아직도 공지로 남아 있는 공간이 많다. 버블기에 기획
된 미나토미라이 21계획은 버블이 붕괴되자 마쿠하리 신도심과 비슷
한 상황이 되었다.

다만 미나토미라이 21 계획에서 주목해야 할 것은 차이나타운이
다. 지하철은 동경의 시부야역을 출발해서 요코하마 미나토미라이
21의 마지막 지점인 차이나타운까지 운행된다. 165㎢ 정도 규모의
이 거리엔 중국인 상점(343개)과 일본인 상점(197개)이 공존하면서 관

광명소가 됐다.

요코하마 차이나타운의 직접적 경제효과(입주 업소들의 연간 매출액)는 500억 엔에 달한다. 이곳 차이나타운을 방문하는 사람은 휴일에 수십만 명을 넘는데, 이 같은 인구 유입 능력이 주변 지역을 활성화시켰다.

인구의 감소를 경험하고 있는 일본에서 연간 1,800만 명의 관광객이 찾아오는 요코하마의 차이나타운 개발은 앞으로 우리가 도시개발을 할 때 어떻게 발상의 전환을 가져와야 하는지를 보여준다.

요코하마 차이나 타운의 성공은 일본 정부의 적극적인 지원정책 덕분이다. 일본의 화교는 1970년에 2만 명에서 현재는 50만 명까지로 늘어났다. 일본은 중국인 엘리트에게 장학금을 지원했고 창업 자금 알선과 영주권을 제공했다.

고령화와 주택 재개발

16

　　우리나라가 세계에서 고령화속도가 가장 빠르다는 것은 이미 많은 사람이 알고 있는 사실이다. 일반적으로 사람들은 나이가 들면서 신체 기능이 저하된다. 그런데 최근에는 의학의 발달로 신체 기능은 저하되지만 수명은 늘어난다. 따라서 사회적으로 많은 문제점이 발생한다.

　　일본에서는 2000년을 전후로 존속살인 사건이 많이 일어났다. 일본은 1990년대 초부터 장기불황을 겪었다. 생활이 어려운 가정에서 많은 주부는 생활비를 벌기 위해 낮에 직장에 나가야 했다. 그런데 집에는 80~90대의 시부모가 계신다. 심한 경우 시부모가 치매 또는 중풍으로 고생하는 경우가 있다. 아들과 며느리는 직장에 나가야 하고 손자손녀는 학교에 가야 한다. 따라서 80~90대의 노인만 집에 있어야 한다.

그런데 누군가는 이들을 돌봐 드려야 한다. 이들을 돌보려면 아들과 며느리 중 누군가가 생업을 포기해야 한다. 비극적인 이야기지만 장기불황기의 일본에서는 아들과 며느리에 의한 부모 또는 시부모 살해 사건이 많이 일어났다.

지금 현재 우리나라에는 몸이 불편해 누군가의 도움이 반드시 필요한 노인들의 숫자는 얼마나 될까? [표 16-1]을 보면 노인성 질환자(주로 치매와 중풍)는 2010년에는 약 79만 명, 2020년에는 약 114만 명에 이른다.

[표 16-1]은 자료는 보건복지부가 공적비용(2008년 7월부터 시행되는 노인장기요양보험)을 지출하기 위해 만든 자료다. 즉 가능한 예산의 사용을 줄이기 위해 그 지급 대상을 엄격하게 했을 때의 수치다. 따라서 실제로는 동거를 하고 있는 자식에게 어떤 형태로든 부담을 주

[표 16-1] 요양 보호를 필요로 하는 고령자와 노인성 질환자 추계

연도	대상자
2003년	59만 명
2010년	79만 명
2020년	114만 명

출처: 보건복지부

194

는 노인들의 숫자는 훨씬 많다고 보아야 한다. 따라서 앞으로 우리나라에서 가장 큰 사회 문제는 노인과의 동거문제가 될 것이다. 각 가정마다 핵가족화로 노인을 모실 수 있는 자녀의 숫자가 매우 제한적일 수밖에 없기 때문이다.

필자는 앞서 주택재개발 또는 재건축사업을 진행할 때 공간의 일부를 반드시 임대주택이나 장기 전세 주택으로 할당해야 하는 제도에 반대한다고 말했다. 그 이유는 자발적이든 비자발적이든 임대주택과 장기 전세 주택으로 사용되는 공간(편리하게 '+α공간'이라 부른다)은 국가적으로 볼 때 매우 귀중한 자산이기 때문이다. 따라서 자산의 사용은 가장 가치가 높은 부분에 사용해야 한다고 본다.

물론 임대 아파트와 장기 전세 아파트에 살게 될 사람들에게 공간을 배정하는 것이 가치 없는 일이라는 것은 아니다. 하지만 임대 아파트와 장기 전세 아파트에 입주할 사람들을 사회적 약자라고 본다면 이보다 더 시급히 해결해야 할 사회적 약자들이 존재한다. 고령자다. 고령자 문제를 지금 준비하지 않으면 나중에는 커다란 부담으로 작용할 것이다. 즉 고령화 문제로 엄청난 예산을 별도로 사용해야 하고 이것은 세금의 문제로 직결된다. 그런데 고령화 사회가 본격적으로 전개되면 세금을 낼 수 있는 젊은층의 숫자가 점점 줄어든다.

경제적으로 취약한 계층의 주거 문제는 정부의 규제 완화와 민간 사업자의 창의로 얼마든지 해결이 가능하다. 필자는 재건축에서 발생되는 '+α공간'이라는 공간 자원을 고령자에게 우선적으로 배분할

것을 제안한다. 다음은 2006년 말 필자를 비롯한 신태호 교수 등 4명
이 공저한 《격변기 부동산 신투자전략》 중 일부다.

Social Mix에서 Generation Mix로

참여정부 들어 개정된 재개발과 재건축 관련법에는 임대 아파트
건설을 의무화 하는 등 소득이 상이한 계층이 섞여 살 수 있도록 하는
Social Mix적인 요소들이 포함돼 있다. 하지만 사회적 약자의 기준을
반드시 소득의 많고 적음으로만 국한할 필요는 없다고 보인다. 나이
가 들어 거동이 불편한 고령자도 건강한 사람에 비해서는 분명히 나
약한 계층이다.

지금 현재 우리나라 대부분의 아파트 단지에는 고령자가 생활할
수 있는 설계를 갖추지 못하고 있다. 즉 약자에 대한 배려가 없다고
볼 수 있다. 때문에 모든 연령층이 동일한 아파트 단지 내에서 불편
없이 생활할 수 있도록 아파트 단지의 기획과 설계 시부터 배려돼야
한다. 우리나라의 가족제도가 핵가족화하기 전에는 한 울타리 안에
서 삼대가 같이 살았다. 이런 점에서 볼 때 주택 정책에 있어서 Social
Mix를 추구하는 것도 중요하지만 Generation Mix도 같이 지향한다면
우리나라의 전통적인 가치관인 한울타리를 한 아파트 단지로 개념을
확대해보려는 시도일 수 있다.

아파트 단지의 베리어프리화

앞으로 신축되는 모든 아파트는 각 개별 세대뿐만 아니라 단지 전체의 베리어프리화(Barrier Free: 장애인 등을 위해 아파트 문턱을 없애는 것)를 의무화하는 방안이다. 우리나라 인구가 전 세계에서 유래를 찾아볼 수 없을 정도로 고령화되고 있음을 감안할 때 베리어프리화된 아파트는 노인들을 양로원이나 기타 고령자 시설로의 퇴출을 막거나 퇴출시간을 지연시킬 수 있다.

물론 신축되는 아파트에 베리어프리화를 의무화하는 것은 사업초기에 사업자와 수분양자에게 부담을 지우게 된다. 하지만 지금 이런 일을 하지 않으면 나중에 개인적으로 또는 사회적으로 더 큰 비용을 지불해야 한다.

우리나라의 노인복지정책 학자들은 기존 주택의 베리어프리화에 정부가 예산을 지원해 주어야 한다고 주장하고 있다. 일본의 경우 개호보험에서 베리어프리화에 필요한 비용을 지불해 주고 있다. 또 2008년부터 실시될 우리나라의 노인장기요양보험은 일본의 개호보험제도를 상당부분 참고하고 있다는 점을 감안할 때 주택의 베리어프리화는 누가 비용을 부담하는가의 문제일 뿐이다.

신축되는 아파트의 베리어프리화는 비용 부담이라는 측면 이외에도 아파트의 실내와 실외의 미관에 영향을 줄 수 있다. 특히 고급스러운 실내분위기의 연출에 방해가 될 수 있다. 아파트 실내 벽을 따라서 길게 설치된 손잡이는 아파트 실내의 혐오시설이 될 수 있다. 일본의 한 고급 노인 아파트의 경우 아파트를 신축할 때 이런 장치들을 일괄 설치하지 않는다. 아파트에 젊고 건강한 사람이 살고 있을 때 이런 장치들은 오히려 불편할 수 있기 때문이다. 하지만 필요하다면 언제라도 손쉽게 부착할 수 있도록 설계에 반영돼 있다.

우리가 이와 같은 방법으로 신축 아파트부터 베리어프리화를 진행한다면 많은 노인이 불편해서 아파트를 떠나야 하는 시점을 늦출 수 있으며, 이와 같은 일은 고령자 주택이나 노인복지시설의 수요를 줄일 수 있을 것으로 기대된다.

재건축 · 재개발 단지 내의 노인 홈

1) 개념

최근 서울 강남과 강북의 재정비촉진지구나 뉴타운 등 기존의 아파트 단지를 재건축하거나 기존 주택가를 재개발할 때 일본의 유료 노인 홈과 유사한 고령자아파트 건설을 의무화하는 방안이다.

예를 들면 재건축 대상의 아파트에 모두 2,000세대가 입주한다면 50~100세대 정도의 고령자 아파트를 추가로 건설한다. 물론 고령자 아파트는 몸이 불편한 노인들이 지내는 데 불편이 없게 설계된 별개의 동으로 만들어진다.

즉 지금 아파트 단지에 노인정 대신에 고령자 아파트 동을 만드는
방법이다.

2) 소유권의 문제

고령자 주택의 소유는 당연히 아파트 소유자들의 공동소유로 한
다. 아파트 단지 내의 어린이 놀이터와 노인정 등이 수분양자의 공동
소유인 것처럼 고령자 아파트도 공동 소유하는 방안이다. 즉 노인 홈
은 아파트 소유자들의 공유 지분 형태로 소유된다.

물론 이와 같은 방법은 아파트 분양가를 상승시켜 사업시행자와
수분양자 모두에게 부담으로 작용한다. 그러나 어차피 재건축이나
재개발을 통해서 발생하는 이익을 환수당한다면 노인 홈이라는 편의
시설을 건설함으로써 추가비용을 발생시켜 회수당할 발생이익을 줄
이는 것도 아파트 수분양자들이 취할 수 있는 한 가지 방법이다.

3) 운영의 문제

유료 노인 홈이 아파트 소유자들의 공동 소유이기 때문에 입주민
들을 대표하는 대표 기관이 그 관리의 주체가 되는 것은 당연하다.
경우에 따라서는 아파트 관리사무소가 운영을 맡을 수도 있다. 하지
만 인근의 병원이나 전문적인 복지기관에 운영을 위탁하는 방안도
검토가 가능하다.

4) 누가 어떻게 이용하는가?

노인 홈의 소유자는 아파트 소유자들이다. 따라서 노인 홈을 이용할 수 있는 우선적인 권리는 아파트 소유자들에게 있다. 아파트 소유자들은 건강할 때 자신의 아파트에서 생활한다. 나이가 들어 불편해지면 노인 홈에 설치돼 있는 물리 치료소 등의 시설을 편리한 시간에 방문해서 이용한다. 몸이 더 불편해지면 아파트에서 노인 홈으로 옮겨서 생활한다. 노인 홈에서 상태가 양호해지면 다시 자신의 아파트로 돌아온다. 나이가 많이 들어 거동이 불편할 정도가 되면 아파트를 완전히 비우고 노인 홈으로 거처를 옮긴다.

노인들은 자신의 집이나 자신이 살고 있던 마을을 떠나 죽음을 맞이하러 먼 길을 떠나야 한다는 점에 상당한 심리적인 부담을 느끼고 있다. 이와 같은 문제는 우리나라의 실버타운이 활성화되지 못한 중요한 원인이기도 했다. 하지만 아파트 단지 내의 노인 홈은 이런 심리적인 불안감을 상당히 해소시켜 줄 수 있다. 첫째, 자신이 살고 있던 아파트 단지 내에서 생을 마감 할 수 있다는 사실에 안도할 것 이다. 둘째, 경우에 따라서는 자신의 자녀와 같은 아파트 단지 내에서 지낼 수 있다는 매우 행복한 노년의 프리미엄을 얻을 수 있다.

이와 같이 행복한 경우는 세 가지 방법에 의해 가능하다. 노인이 자식과 한 아파트에 살다가 아파트 단지의 노인 홈으로 거처를 옮길 때, 노인만 아파트에 살다가 노인 홈으로 이주하면서 자신의 아파트를 자녀에게 물려줄 때, 그리고 자식과 떨어져 살다가 몸이 불편해지면 자녀가 살고 있는 아파트 단지 내의 노인 홈으로 이주하는 경우이다.

5) 노인 홈 이용비용을 조달하는 방법

거동이 불편해서 노인 홈으로 거처를 옮긴 고령자의 경우 근로를 통한 수입은 거의 없다고 볼 수 있다. 하지만 노인 홈으로 거처를 옮기면서 자신의 아파트를 임대함으로써 발생하는 수익을 노인 홈 이용료의 전부 또는 일부로 충당할 수 있다.

예정대로라면 2008년부터 노인장기요양보험이 실시된다. 이렇게 되면 연금과 노인장기요양보험료, 아파트 임대료 등의 수입만으로도 노인 홈 입주에 필요한 비용의 상당부분을 충당할 수 있을 것으로 예상된다.

6) 세금의 문제

노인 홈을 아파트 소유자들의 공동 소유로 하면 아파트 소유자들이 재산세를 많이 내야 하는 불리함이 있다. 이런 불리함을 해소하기 위해 노인 홈을 건립한 후에 국가나 지방자치단체에 기부 체납하는 방법이 있을 수 있다. 하지만 모든 아파트 단지가 다 이런 방법을 택하지는 않을 것이다.

지역에 따라서는 국가나 지방자치 단체에 기부 체납하지 않고 아파트 소유자들이 재산세를 더 부담하더라도 직접 전문 업체에 관리 위탁을 시킬 수 있다. 국가나 지방자치단체가 노인 홈을 운영하는 것보다 더 고급스러운 노인 홈을 관리·운영함으로써 아파트 단지 전체의 브랜드를 고급화시켜 유지할 수 있다는 판단이 선다면, 아파트 소유자들은 후자를 택할 가능성이 있기 때문이다.

7) 규모의 문제

아파트 단지마다 노인 홈을 만들면 그런 노인 홈들은 영세화될 수밖에 없다. 따라서 정부가 재개발 재건축을 허가할 때 가능한 단지의 규모를 크게 유도할 필요가 있다.

그리고 노인 홈의 규모를 산출할 때 ① 그 아파트 단지의 입주자 수 ② 앞으로의 고령화율 ③ 인근 지역의 고령자를 배려하도록 정부가 개입할 필요가 있다. 특히 ③번의 경우가 바람직한 소셜 믹스(Social Mix)의 모범사례가 될 수 있다고 본다.

부동산으로 높은 출산율을 유도하자

아이를 얼마나 많이 낳는지 알기 위해 사용
되는 출산율에는 대체 출산율과 합계 출산율이 있다. 대체 출산율이
란 한 나라가 인구감소 없이 현 상태로 인구 수준을 유지하는 데 필요
한 대체적인 출산율 수준으로서, 선진국의 경우 2.1명이 이에 해당한
다. 이 수치는 앞으로 인구가 늘어나거나 줄어들지 않도록 하기 위해
서 가임 여성 1인당 2.1명의 자녀는 낳아야 한다는 유럽경제위원회
(UNECE)의 보고서에 따른 것이다.

합계 출산율이란 출산 가능한 여성의 나이인 15세부터 49세까지
를 기준으로 여성 1명이 평생의 가임기간 동안 출산하는 평균 자녀

수를 의미한다. 개발도상국의 경우 대체로 3명 전후이며, 사망률과 거의 비례한다. 인구 학자들은 인구 대체 수준 이하로 출산율이 떨어지면 이를 저 출산 사회로 보는데, 서유럽 국가들 대부분이 이에 해당한다.

우리나라의 경우 1970년에 합계출산율이 4.53명이었다. 그런데 2005년 1.08명으로 최저를 기록한 후 2006년 1.13명으로 약간 증가했다. 하지만 이는 경제협력개발기구(OECD) 국가의 평균 합계 출산율인 1.58명보다도 훨씬 낮은 수치를 기록하고 있어 세계 최저 수준에 해당한다. 즉 우리나라 여자들이 지구상에서 아이를 가장 낳지 않

[표 17-1] 합계 출산율 및 출생아 수 추이

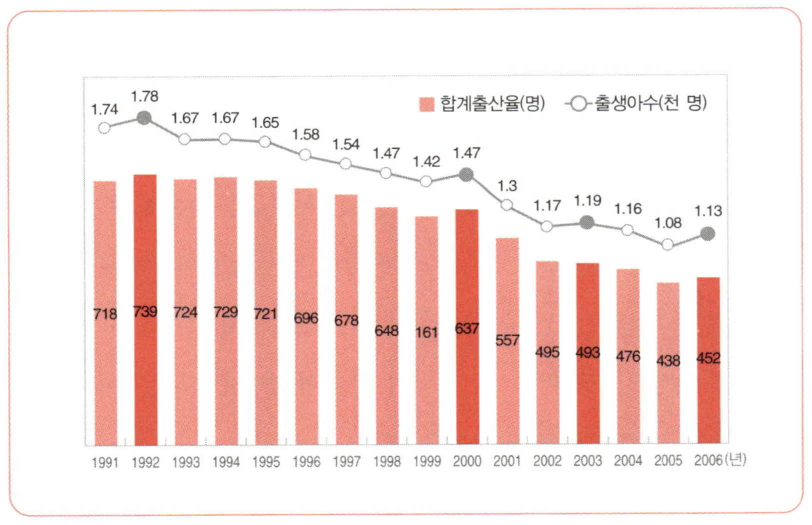

출처: 보건복지부(2007년)

는 여자라는 것이다. 출산율의 감소를 보여주는 [표 17-1]은 앞으로 우리나라에 인구가 줄어들 것임을 예감케 한다.

이렇게 출산율이 낮아지는 원인은 여러 가지로 풀이된다. 하지만 그 자세한 원인이야 어떻든 여자들에게 아이를 키우기 편하게 사회 시스템을 만들어주면 출산율은 높아질 것이다. 즉 사회의 각 분야에서 아이 키우기에 불편한 시스템을 개선하면 된다. 이렇게 볼 때 현재 우리의 주택 공급 시스템도 검토가 필요하다.

우리나라의 대표적인 부동산 상품으로는 아파트, 오피스텔, 주상복합, 상가, 사무실 등을 열거할 수 있다. 그동안 건설 사업자들은 이들 부동산 상품을 어떻게 하면 잘 만들 것인지에 몰두해 왔다. 우리나라의 아파트 건설 수준은 세계적이다. 건설 회사에서 주거용 건물인 아파트, 주상복합, 오피스텔(아파텔) 등을 잘 만든다는 것은 의류 사업자가 정장 양복을 잘 만든다는 것과 같은 뜻이다.

하지만 의복을 입는 소비자들은 정장만 필요한 것이 아니다. 정장도 필요하지만 등산복이나 스키복, 수영복도 필요하다. 의복의 경우 소비자들이 정장, 등산복, 수영복, 야회복 등 다양한 의복을 구입해 장롱에 넣어두고 있다가 필요시마다 꺼내 입을 수 있다. 사람은 나이에 따라 선택적인 기능성 주거용 건물이 필요하다. 결혼 초기에는 어린아이를 기르기에 편한 주택이 필요하고, 입시생을 둔 부모들은 학교와 학원에 가까운 주택이 필요하다. 또 노인들은 노인용 주택에서 기거하는 것이 편리하다.

이런 점에서 볼 때 우리나라의 주택 사업자들은 각 연령층에 맞는 다양한 주택 소비자를 위한 상품개발에 노력해온 것이 아니라 일부 소비자의 기호만 맞추어 왔다. 즉 기존의 정장 양복을 화려하게 만들어 판매하는 데만 신경을 써왔다고 볼 수 있다. 수치적으로는 우리나라의 주택보급률은 100%를 넘어서고 있다. 수년 전까지만 해도 아파트는 만들기만 해도 팔렸다. 최근에는 미분양 아파트가 등장하고 있다. 그래서 건설사들은 남보다 더 좋은 아파트를 만들기 위해 노력하고 있다.

하지만 이런 노력도 주택보급률이 100%를 넘고 있는 시점에서는 한계가 예상된다. 이제는 소비자들의 다양한 욕구를 만족시킬 수 있는 기능성 부동산의 출현이 필요한 시점이라고 보인다. 즉 정장 상품뿐만 아니라 등산복, 수영복, 야회복을 만들어야 하는 시점에 도달했다.

미군은 무기를 개발할 때 만화가를 동원한다. 실제로 미군은 사막전을 수행하기에 앞서 만화가들을 사막 한가운데 초청했다. 만화가들은 사막전에 필요한 무기를 만화적 상상력을 동원하여 그렸다. 그 다음에 만화가들이 그린 그림을 보고 엔지니어들이 설계를 했다. 마지막으로 공장에서 무기를 만들었다. 그 좋은 사례가 TV를 통해서 자주 볼 수 있는 길쭉하고 우스꽝스럽게 생긴 험비 차량이다.

다음에 소개하는 '유아텔'이라는 용어는 TV 드라마를 보면서 시

청자들이 감탄해 하듯이 어린아이를 키우는 부부들이 주거용 건물
에 살면서 건물의 기능에 만화처럼 감탄해야 한다는 생각에서 만들
어낸 용어다.

유아텔

신혼부부에게 필요한 주택은 무엇인가? 당연히 갓 태어난 아이들을 마음 놓
고 기를 수 있는 주택이다. 우리나라의 많은 여성이 아이 낳기를 연기하거나
아이 출생 후 직장을 그만둔다. 또 대다수의 직장 여성들이 친정어머니나 친
척에 아이를 맡긴다. 심지어 부부는 서울에 살면서 아이는 대구나 부산의 친
정에 맡긴 경우도 있다.

최근 통계 발표에 따르면 우리나라 취업 여성의 절반 이상이 출산 후 직장을
그만두는 것으로 밝혀졌다. 만약 직업을 가진 여성이 산부인과에서 아이를
낳고 퇴원하자마자 자신의 아파트 1층에 아이를 맡기고 아무걱정 없이 출근
을 할 수 있다면 얼마나 좋을까? 이런 아파트를 가상으로 만들어본다.

김하늘 씨는 아이를 낳은 지 6주 만에 아침에 출근하면서 아파트 1
층의 탁아소에 아이를 맡기고 회사로 간다. 아이는 탁아소 보육사에
의해서 보살핌을 받는다. 탁아소 안에는 소아과 병원도 있다.

20층짜리 아파트 중 1층은 탁아소지만 아파트의 모든 설계는 1층
의 탁아소를 우선적으로 배려했다. 즉 아파트 전체가 1층의 탁아소를

위해서 만들어졌다.

아침에 아이를 1층 탁아소에 맡긴 김하늘 씨는 퇴근할 때 다시 아파트 1층에서 자신의 아이를 찾아서 15층 자기 집으로 되돌아간다. 갑작스럽게 야근을 해도 아무런 문제가 없다. 탁아소에 전화를 하면 보육사가 밤늦게까지 아이를 돌봐준다. 물론 해외 출장을 떠나도 아이 걱정은 할 필요가 없다. 24시간 아이를 길러주기 때문이다. 탁아소에는 인터넷 화상 통화시스템이 설치돼 있어 회사에서 또는 해외출장 중에도 아이의 모습을 볼 수 있고 아이의 목소리를 들을 수 있다.

모유를 먹이고 싶어하는 어머니들은 아침에 탁아소에 들려 자신의 젖을 짜서 탁아소 보육사에게 맡긴다. 보육사는 이 젖을 냉장고에 보관하면서 필요시 엄마의 체온 정도로 데워서 아이에게 먹인다. 새벽에 우는 젖먹이 아이 때문에 잠을 설쳐서 부부 모두가 직장에 출근해서 하루 종일 졸음에 시달리는 일도 없어질 수 있다. 젖먹이 아이와 잠자리를 반드시 같이할 필요가 없기 때문이다. 퇴근 후 탁아소에서 아이를 찾아와서 아파트에서 같이 지내다가 잠자리에 들 늦은 시각에 다시 아이를 탁아소에 맡기면 된다.

지금까지 소개한 유아텔이 만화 같기만 한 이야기는 아니다. 프랑스의 경우 이런 시스템은 보편적이다. 유럽에서 프랑스는 가장 높은 출산율을 자랑한다. 여러 요인이 있지만 독일 여자들은 프랑스 아파트 단지의 육아 시스템을 부러워한다.

프랑스에 거주하는 한국 사람들의 눈에는 프랑스 여자는 아이를 낳고 프랑스 정부는 아이를 길러주는 것처럼 보인다. 어버이날 공립 유치원의 선생님들이 아이들과 함께 부모님께 드리는 선물을 만들어서 집으로 보낸다. 물론 준비물도 공립 유치원에서 준비한다. 한국 사람에게 프랑들 부모들은 아이들 양육에 거의 신경을 안 쓰는 것처럼 생각된다.

앞에서 가상으로 설명한 김하늘 씨가 사는 유아텔이 실제로 주택 시장에서 공급되려면 여러 문제가 해결돼야 한다. 그 중 가장 큰 문제는 주택 사업자의 수익이 보장돼야 한다는 것이다. 주택 사업자에게 수익을 보장해 주려면 분양가가 높아야 한다. 그런데 신혼부부들은 사회에 진출한 지 얼마 안 되는 새내기들이다.

높은 분양가는 이들에게 커다란 부담으로 작용한다. 따라서 한 가지 방법을 제안한다. 역시 앞장에서 보았듯이 도심의 재개발 또는 재건축 사업 시 발생하는 '+α 공간'을 이용하는 방안이다. 우리는 지금 이 '+α 공간'을 임대주택으로만 사용하려 한다. 하지만 '+α 공간'을 임대주택으로만 사용하면 우리는 저 출산 해소를 위해 또 다시 세금을 걷어야 한다.

공간의
낭비에 대해

18

건축 관련 법규에는 재건축과 재개발을
규제하는 여러 조항이 있다. 예를 들면 해당 지역에는 건축한 지 몇
년을 경과한 건물이 몇 % 이상 있어야 한다는 것이다. 이와 같이 재
건축과 재개발을 규제하는 가장 큰 이유는 만들어진 지 얼마 안 되는
건축물을 헐 경우 자원을 낭비한다는 생각일 것으로 추측된다. 하지
만 이것은 사물을 한 가지 시각으로만 보았을 때의 발상이다.

건축물은 콘크리트, 유리, 목재 등으로 만들어져 있다. 따라서 오래
되지 않은 건축물을 허물 경우 아까운 건축자재들이 낭비되는 것은
사실이다. 하지만 자원에는 여러 가지가 있다. 건축 자재는 눈에 보

이는 자원이다. 하지만 공간이라는 자원은 눈에 잘 보이지 않는 자원이다.

도심에서 재건축이나 재개발을 추진하려는 사람들은 공간을 자원으로 본 사람들이다. 재개발 대상 아파트의 가격은 재개발되기 전의 낮은 가격이 아니라 재개발이 끝난 뒤 높아진 가격을 재개발에 필요한 기간 동안 할인한 가격이다. 따라서 모든 조건이 동일하다면 재개발 추진이 늦은 아파트는 추진이 빠른 아파트보다 가격이 낮은 것은 당연하다.

그런데 이 공간의 가격은 도심일수록 비싸다. 사람들은 공간의 낭비와 건축 자재의 낭비 중 더 가치가 있는 것을 선택한다. 즉 공간의 낭비가 건축 자재의 낭비보다 더 심하다고 생각되면 기존의 건축물을 헐고 재건축이나 재개발을 하려고 할 것이다. 따라서 재건축이나 재개발을 할 것인지 말 것인지를 결정할 사람은 현재 건축물을 소유하고 있는 사람들이다. 국가나 지방자치단체가 "당신의 동네는 10년 후에 재개발을 하시오" 또는 "20년 후에 하시오"하고 간섭할 필요가 있을까? 아니 그럴 권한이 있는가? 재개발이나 재건축을 규제하는 것은 월권이라고 생각한다.

반복되는 이야기지만 국가나 지방자치단체는 정당한 이유 없이 개인의 재산권을 제한하는 데 익숙하다. 물론 국가나 지방자치단체가 재개발이나 재건축을 규제하는 데는 교통 혼잡과 환경 악화 등 여러 이유가 있을 것이다. 그러나 단순히 건축 자재의 낭비만을 이유로 재

212

건축이나 재개발을 규제한다면 이것은 큰 잘못이다. 도심에 있어서 공간의 낭비는 건축 자재의 낭비보다 더 큰 국가 자원의 낭비이기 때문이다. 국가나 지방자치단체가 공간의 낭비를 보지 못하는 것은 공간맹(空間盲)이기 때문이다. 특히 국가 기관은 지독한 공간맹(空間盲)이다. 엄청난 공간 자원의 낭비를 보지 못하기 때문이다.

서울에서 대표적으로 공간을 낭비하는 기관은 법원 건물과 검찰청 건물이다. 이들 기관은 엄청나게 넓은 면적을 사용한다. 민간 사업자는 이렇게 비싼 땅에서 공간을 낭비할 이유가 없다. 조금 더 직설적으로 말하자면 법원과 검찰 등 국가의 힘 있는 기관들은 지금보다 훨씬 좁은 면적을 사용해도 충분하다. 많은 세금을 들여서 필요 이상으로 넓은 땅을 차지했다는 것이다.

만약 이런 힘 있는 국가 기관들이 필요한 만큼의 면적만 사용했다면 그 남은 땅은 주택건설 등 민간이 사용 할 수 있었을 것이다. 힘 있는 국가 기관은 스스로 자신들의 공간을 낭비할 뿐만 아니라 다른 사람의 공간 이용도 방해한다. 즉 힘 있는 기관 주변의 토지 소유주들은 이런 기관에 의해 공간 사용을 제한받는다. 그런데 민간 건물이 국가기관보다 높아서는 안 되는 이유가 있는가?

필자는 건축 자재의 낭비를 이유로 재건축과 재개발을 규제하는 것은 잘못된 일이라고 다시 한번 강조한다. 아울러 국가나 지방자치단체는 스스로도 공간의 낭비를 하지 않도록 해야 한다. 국가나 지방자치단체의 공간 낭비는 세금의 낭비로 직결되기 때문이다.

쾌적한 도시는 살기 좋은 도시인가?

19

많은 사람들이 IT산업이 발달하면 전자 결제 시스템과 이메일 때문에 종이 소모가 줄어들 것으로 생각했었다. 하지만 예상과는 달리 종이의 소모는 더욱 더 늘어났다. 사무실과 가정에 저렴한 가격의 프린터설치가 일반화됐기 때문이다.

도시에도 비슷한 현상이 벌어지고 있다. 교통과 통신의 발달로 도시의 인구가 줄어들 것으로 생각했었다. 그런데 교통과 통신이 발달할수록 사람들은 도시로 모여든다. 사람들이 도시로 모여들면 도심의 밀도가 높아져 불편한 일들이 많이 벌어진다.

하지만 이런 불편을 감수하고라도 도시로 사람들이 모여드는 이유는 불편을 상쇄하고도 남는 매력이 있기 때문이다. 즉 다음과 같은 식이 성립한다.

① 도시의 불편 〉 도시의 매력 : 도시 사람이 지방으로 이동한다.
② 도시의 불편 = 도시의 매력 : 도시와 지방 사이에 신규이동은 없다.
③ 도시의 불편 〈 도시의 매력 : 지방 사람들이 도시로 이동한다.

위 ③번의 경우처럼 지방 사람들을 도시로 모여들게 하는 도시의 매력은 무엇일까? 교육과 일자리 등 여러 이유가 있지만 최근에는 인터넷의 영향도 무시할 수 없는 요인으로 등장했다. 인터넷 사용의 확산으로 지금까지 사회의 통념으로 작용하던 법칙들이 무너지고 있다.

예를 들면 '파레토의 법칙'을 들 수 있다. 이탈리아 사람 파레토가 어느 날 개미들이 부지런히 움직이는 모습을 발견했다. 자세히 보니 개미들 중 20%만 열심히 일하고 나머지 80%는 건성으로 왔다 갔다 하고 있었다. 그래서 열심히 일하는 20%의 개미만 한군데 모아놓았더니 역시 그중에서도 20%만 일을 하고 나머지 80%는 일을 하지 않았다.

파레토는 이처럼 20:80의 법칙이 인간 세상에도 적용되는지를 조사했다. 그랬더니 어느 조직이나 열심히 일하는 사람은 20%였다. 그리고 어느 나라나 상위 20%가 부의 80%를 소유하고 있었고 기업의 상품 중 20%가 전체 매출의 80%를 차지하고 있음을 알아냈다. 이것을 파레토의 법칙 또는 20:80의 법칙이라고 부른다.

그래서 슈퍼마켓에서는 잘 팔리는 상위 20%의 제품만을 매장에 진열하고, 은행에서는 상위 20%의 고객을 우대한다. 심하게 말하면 지금까지는 물건은 히트상품, 연예인은 스타, 사람은 부자만 대접을 받는 사회였다. 즉 20%에 끼지 못하면 별로 대접을 받지 못하고 재미없는 삶을 사는 사람들이 80%나 됐다는 말이다.

그런데 사회를 지배하던 이 파레토의 법칙이 인터넷의 보급으로 그 위상이 흔들리고 있다. 인터넷 시대에는 파레토의 법칙이 아니라 '롱테일의 법칙'이 사회를 지배하기 시작한다. 롱테일의 법칙은 파레토의 법칙과 상반되는 개념이다. 파레토 법칙은 20%의 핵심 고객과 제품이 80%의 매출을 올린다는 법칙이지만 롱테일의 법칙은 수요와 매출이 적은 제품의 매출의 합계가 오히려 시장의 베스트셀러나 블록버스터의 매출보다 큰 경우를 말한다.

예를 들면 인터넷 서점인 아마존의 경우 1년에 몇 권 팔리지 않는 소외된 책들의 80%에서 얻는 수익이 전체 매출의 50%를 넘는다. 그 이유는 인터넷 서점인 아마존에서는 진열 가능한 책의 수가 무한대에 가까우므로, 20:80 법칙을 적용할 필요가 없기 때문이다. 1년에 단 몇 권밖에 팔리지 않는 '흥행성 없는 책'들의 판매량을 모두 합하면, 놀랍게도 '잘 팔리는 책'의 매상을 추월한다. 온라인경매사이트

이베이는 그동안 무시당해 왔던 영세 중소 사업자들과 소비자들을 연결해 주며 급성장했다.

구글은 대형 광고주가 아닌 꽃 배달 업체, 피자집, 치킨 집 같은 영세한 광고주들을 모아 엄청난 이익을 올린다. 그 동안 마케팅에서 무시되어 왔던 80%가 대접을 받기 시작한 것이다. 인터넷이 가져다준 유통혁명의 결과다.

이런 일은 비단 유통 분야에서만 일어나고 있는 현상이 아니다. 도시생활에서도 작용한다. 그동안 상위 20%에 비해서 상대적으로 푸대접을 받아왔던 80% 도시민들이 인터넷을 비롯한 IT 덕분에 지금까지 상위 20%들만 누려왔던 프리미엄들을 공유하기 시작한 것이다.

모바일 통신의 발달로 영화관에서 제일 융숭한 대접을 받는 사람들은 젊은 청소년들이다. 영화 개봉일 첫 회 상영이 끝나면 영화 평론가로 변한 이들의 엄지손가락은 바빠진다. 개봉 영화의 운명이 이들의 엄지손가락에 달려 있다. 이들은 자발적 평론가 집단이다. 기존 대중매체의 평가를 기다리지 않는다. 오히려 대중매체들이 이들의 평가를 중계한다.

서울 시내 어느 대학 앞에 가면 온갖 종류의 인형에 여러 가지 옷을 갈아입히고 또 빗으로 인형의 머리를 손질하고 사진을 찍는 등 취미 생활을 즐길 수 있는 인형마니아 카페가 있다. 휴일이면 젊은 여학생들로 발 디딜 틈 없을 정도로 붐빈다. 이렇듯 인터넷은 취미 단체, 동호회, 동창회 등을 수없이 연결한다.

인터넷이 발달하면 교통량이 줄어들지 않는 이유가 바로 여기에 있다. 전자결제와 이메일이 발달하면 할수록 종이 소비가 더 늘어나듯이 인터넷의 발달은 유사성을 갖는 잡다한 소수의 집단들을 부지런히 움직이게 만든다. 이런 움직임이 편하게 그리고 경제적으로 이루어질 수 있는 장소가 바로 도시다.

한 가지 예를 더 들면 인터넷을 통해 수십 년 전 헤어졌던 학교 동창들의 안부를 확인할 수 있게 됐다. 이렇게 안부가 확인되면 그 다음 수순은 "매달 마지막 토요일 북한산 입구에서 만나자"일 것이다. 시골에 살면 이런 움직임에 동참하기 어렵다. 이런 움직임을 통해 비즈니스가 일어난다. 따라서 앞으로는 쾌적한 도시가 반드시 살기 좋은 도시라는 등식은 성립하지 않을 수 있다.

지방 사람들은 어떻게 살아야 하나

20

필자는 일관되게 국토의 균형 있는 발전 정책은 국력의 낭비를 가져오는 정책이라고 주장해 왔다. 그러면 지방 사람들은 앞으로도 계속해서 수도권 거주민에 비해 낮은 소득을 감수하면서 살아야 하는가? 대답은 물론 '그렇지 않다' 이다.

행정 기관이나 공공 기관 몇 개를 지방으로 이전한다고 해서 지방 민들의 소득은 높아지지 않는다. 이전되는 행정 기관이나 공공 기관 주변의 부동산 가격만 상승시킬 뿐이다. 오히려 이것은 물가를 상승 시켜 지역 주민들에게 더 큰 피해를 줄 수 있다. 지방 사람들을 진정 잘 살게 하려면 행정 기관과 공공 기관 몇 개를 나누어줄 것이 아니라

권력을 나누어 주어야 한다.

이 부분 설명을 위해 극단적인 예를 들겠다. 중앙정부는 외교와 국방에 관한 권한만 행사한다고 가정해 보자. 그리고 그 외의 모든 권한을 지방자치단체가 갖는 것으로 하자. 오해를 피하기 위해 ‘사랑도’라는 광역자치단체가 있다고 하자.

사랑도 의회는 노동 법규를 제정할 때 노동조합의 설립을 금지시킨다고 하자. 어떤 일이 벌어질까? 기업들이 몰려들 것이다. 이런 지방도시엔 외국 기업도 몰려온다. 이해를 돕기 위해 노동조합이 펄쩍 뛸 예를 들어 죄송하다. 하지만 실제로 지방 정부가 외교와 국방을 제외한 모든 권한을 갖게 되면 이런 일은 제일 먼저 일어난다. 어차피 별다른 공장이 없는 지방에서는 노동조합도 필요없기 때문이다.

정부는 제주 국제 자유 도시를 출범시키면서 모든 권한을 다 줄 것처럼 말했다. 그렇다면 지금현재 제주는 외국 기업, 외국 학교, 외국 병원으로 넘쳐 나야 한다.

그런데 지금 제주에 온 외국 병원과 기업 그리고 학교는 몇 개나 되는가? 완벽하게 없거나 거의 없다. 왜? 제주에 권한을 주지 않았으니까. 외국 학교는 제주에서 벌어들인 이익을 송금할 수 없다. 그리고 한국인 학생을 입학시키는 데 제한이 있다.

병원 또한 마찬가지다. 외국인이 제주에 들어와서 사업을 해야 할 매력이 없는 것이다. 필자는 지방 주민들에게 권유한다. 진정하게 자신의 지방을 발전시키려면 행정 기관이나 공공 기관 몇 개를 이전시키기 위해 노력할 것이 아니라 권한을 달라고 해야 한다. 중앙정부가 모든 권한을 다 가져야 할 이유가 있을까? 지방 정부가 자기 지역에 맞는 노동법을 만들고 교육법을 만들면 안 되는가? 지방은 언제까지나 지역 관광 사업만 해야 하는가?

지방 정부가 권한을 갖게 되면 수도권을 규제하자는 말을 할 필요가 없어진다. 지방 정부가 수도권보다 더 매력적인 정책을 펼쳐 보이면 된다. 물론 수도권에는 인프라가 발달돼 있다.

하지만 물리적인 인프라보다 법률적인 인프라를 더 중요한 항목으로 삼는 기업은 국제적으로 얼마든지 있을 수 있다. 지방은 수도권이나 서울만이 경쟁상대가 아니다. 일본과 중국의 도시들과 경쟁해야 한다.

도박으로 유명한 미국의 라스베이거스는 이혼자들의 천국이다. 하루 만에 이혼을 할 수 있기 때문이다. 지방에 권한을 주면 아마 한 나절 만에 이혼이 가능한 지방자치단체도 생길 것이다. 노동조합 설립 금지와 이혼 등 너무나 극단적인 예를 들어서 죄송하다.

이번에는 좀 부드러운 예를 들어본다. 지방자치단체가 운전면허를 발급할 수 있는 권한을 가졌다고 보자. 전국에서 가장 쉽고 편안하게 운전면허를 취득할 수 있는 도시를 만들어 보는 것이다. 방법은 간단하다. 넓은 공터에 여러 개의 운전면허 시험장을 만든다. 응시자가 기다리지 않고 도착 즉시 운전면허 시험을 치룰 수 있다. 그리고 여러 개의 운전면허 시험장 중 한두 개는 응시자가 미리 코스를 연습해 볼 수 있도록 개방해 두면 더 좋다. 응시생들은 시험에 응하기 전에 시험 코스와 똑같은 실전 연습을 쌓을 수 있기 때문이다.

또한 이 운전면허 시험장의 특징은 면허시험에 낙방한 사람이 하루에도 여러 번 반복해서 응시할 수 있다. 즉 코스 시험에서 낙방하면 그 자리에서 다시 재시험을 치룰 수 있는 것이다. 쉽게 설명하면 주행 시험에 낙방한 응시자는 차에서 내릴 필요 없이 그 자리에서 인지대만 내면 다시 시험에 응시할 수 있다.

이와 같은 제도는 많은 운전면허 응시자들을 이 도시로 불러들일 것이다. 서울과 같은 대도시는 폭발적으로 늘어나는 운전면허 응시자들을 소화해 내기 위해서 운전면허 시험장을 새로 짓는 등 많은 예산을 소모하고 있다.

또 운전면허 시험장에서 코스 테스트를 통과한 뒤 곧바로 도로에 나서서 도로연수를 할 수 있는 사람은 거의 없다. 이 도로연수라는 게 상당히 어려운 것이 사실이다. 이유는 시간이 없기 때문이다. 서울이나 부산처럼 복잡한 곳에서 초보 운전자가 도로연수를 하기에는 많은 용기가 필요하다. 그래서 서울에서는 변두리를 찾아 나가야만 도로연수를 받을 수 있다. 만약 코스 시험에 합격한 사람이 하루 만에 도로연수를 마칠 수 있다면 얼마나 좋을까? 환상적인 일일 것이다.

바로 이런 점에 착안하면 좋은 사업거리를 찾을 수 있다. 도로가 비교적 잘 발달돼 있고 통행량이 많지 않은 중소규모의 도시를 도로연수 도시로 만들어보면 어떨까 한다. 토요일 오후 기차나 고속버스 편으로 도착한 뒤 지방도시에서 하루를 묵으면서 도로연수를 받는 것이다. 이 도시에는 도로연수용 차량이 많이 준비돼 있고 운전강사도 많다.

가족과 함께 온 사람은 운전연수를 받는 동안 나머지 식구는 지방도시에서 관광을 하거나 온천욕을 즐길 수 있다. 물론 골프를 즐길 수도 있다. 중요한 사람은 도로연수를 받을 사람인데 이 사람은 토요일 오후에 야간 도로주행 연수를 받을 수도 있고 일요일 주간에 주간 도로연수를 받을 수도 있다.

어떤 경우든 이런 차량은 이 도시에서는 특별대우를 받는다. 지역주민은 도로연수 차량을 최우선적으로 우대해 준다. 그리고 사고에 대비한 안전시설이 철저하게 갖추어져 있으며 사고에 대비해서 시나 군 당국이 보험료의 일부를 보조해 줄 수도 있다.

만약 이렇게 지방도시가 주말에 운전연습 도시로 바뀐다면 많은 고용이 창출될 것이다. 첫째는, 도로주행운전 교습 교사가 필요하다. 둘째는, 이들 자동차를 유지하고 관리할 정비 공장과 정비공이 필요할 것이다. 그리고 운전연습을 위해서 이곳에 오는 연수생들이 묵을 수 있는 시설이 필요하고 이런 시설에서 근무할 종업원이 필요하다. 더구나 이들 연수 희망자들은 가족과 함께 이 도시를 방문할 것이기 때문에 관광산업에 획기적인 발전을 기대할 수 있다. 만약 도시에 온천이나 골프장 또는 명승고적이 있다면 해당 도시는 최상의 도로운

전 연습 도시로 만들어질 수 있다.

무엇보다도 먼저 운전연수를 받으러 오는 사람들이 아주 편리하게 운전연수를 받을 수 있는 심리적인 또 물리적인 환경을 조성하면 된다. 시나 군 당국이 보증한 연수용 차량을 타고 당국이 인정해 준 교양 있는 연수 교사들의 안내를 받으며 완벽한 보험처리와 운전연수 차량 우선의 도로환경이라면 운전연습을 하러올 사람들을 많이 불러들일 수 있는 환경인 것이다.

더욱 더 좋은 아이디어는 자동차 제작 회사가 이 도시의 도로연수용 차량을 제공하는 것이다. 운전면허를 취득하려는 사람은 토요일 오후 가족과 함께 내려와서 이 도시에 도착한다.

가족들은 관광버스에 타고 관광을 나선다. 그리고 본인은 운전면허 시험장에 가서 운전면허를 취득한다. 그리고 면허를 취득하자마자 그 자리에서 자동차를 구입해서 가족을 태우고 서울로 돌아간다. 얼마나 환상적인가?

지방 정부가 중앙정부에 준하는 권한을 갖게 되면 혁명적인 일들이 발생된다. 또한 우려의 목소리도 있다. 도시계획과 관련해 지방에 권한을 나누어주는 데 반대하는 사람들의 견해는 난개발의 우려가 있다는 것이다. 그런데 지금까지 난개발의 주범은 중앙정부였다. 중앙정부는 지방 정부가 체계적으로 도시를 개발할 수 있는 여지를 주지 않았다. 지방 정부는 중앙정부가 정해 놓은 좁은 틀 안에서만 움직일 수 있었다. 당연히 지역 실정에 맞는 개발이 이루어질 수 없었다.

이런 중앙정부의 규제를 피해가는 방법의 하나가 난개발이었다. 토지를 어떤 용도로 사용하든 용적률을 3,000~4,000%로 상향하든 그것은 지방의 실정에 맞게 하면 된다. 즉 지방정부가 정할 일이다.

지방정부는 교육에 관한 모든 권한을 갖게 된다. 특목고를 설치하든 전 수업을 모두 외국어로 진행하든 그것은 지방에서 정할 일이다. 대학에서 기여 입학을 시키든 필기시험을 통해서 학생을 선발하든 그것을 지방정부에 맡겨버리면 어떻게 될까? 학생선발 방식을 조례로 정하는 지방이 있을 수 있고 완전히 대학자율에 맡기는 지방이 있을 수 있다.

앞서서 설명했듯이 교육환경이 부동산 가격에 미치는 영향은 상당하다. 만약 어떤 지방정부가 중앙정부로부터 교육에 관한 완벽한 자치권을 받을 수만 있다면 그 지방을 비약적으로 발전시키는 데 최고의 기회를 얻은 것으로 생각하면 된다.

학교가 영리를 추구할 수 있도록 만들면 된다. 중앙정부는 이런 일을 결정하기 어렵다. 복잡한 논의 구조를 거쳐야 하기 때문이다. 하지만 지방정부에 이런 권한을 넘기면 문제는 너무나 쉽게 결정된다.

예를 들어 교육기관의 영리추구를 절대적으로 반대하는 집단을 'A 집단'이라고 부르자. 교육 제도에 관한 모든 권한을 중앙정부가 갖고 있을 때 교육의 영리화에 관한 'A집단'의 입장은 강경하다. 그런데 교육 제도에 관한 권한을 각 지방정부가 갖게 되면 각 지방정부를 상대하는 것은 'A집단'이 아니라 'A집단의 각 지역 지부'가 된다. 'A집단'과 'A집단의 각 지역 지부'와는 입장이 다르다. 각 지부 간에 경쟁을 해야 하기 때문이다.

일본을 정확히 알자

21

2007년 9월 일본의 아베 총리가 사임했다. 일본 국민이 아베를 원치 않았기 때문이다. 정확하게 표현하면 일본의 지방 사람들이 아베의 사임을 원했다. 왜 그랬을까? 도표를 통해서 설명하겠다. [표 21-1]은 일본의 건설 투자비가 일본 경제 발전에 얼마나 영향을 미쳤는지를 보여준다.

1984년까지는 건설투자비가 늘어나면 따라서 국내총생산(GDP)의 기여율도 늘어남을 보여준다. 그런데 1984년을 기점으로 건설투자비가 늘어나는데도 불구하고 GDP의 기여율은 오히려 낮아진다. 이것은 1984년부터 일본 정부가 건설 관련 투자비를 쏟아 부으면 쏟아 부

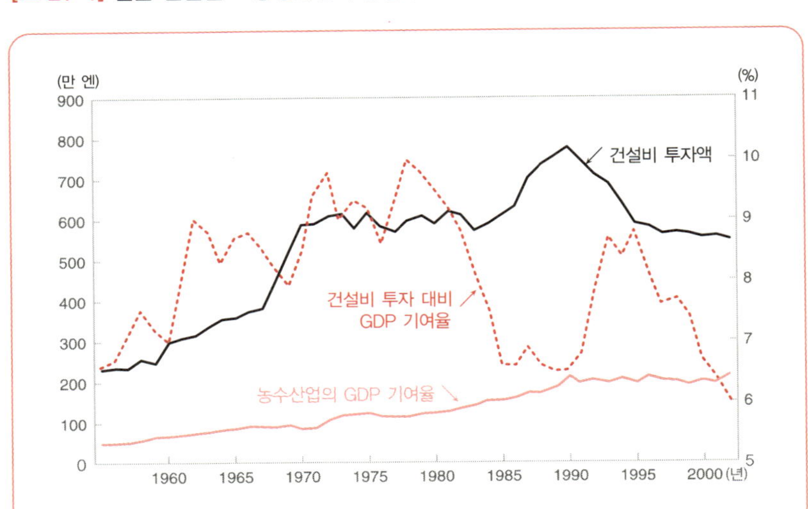

을수록 오히려 경제 성장에 마이너스가 됐다는 것을 의미한다. 한마디로 말해 쓸데없는 데 돈을 쓴 것이다. 그러면 일본 정부는 건설 투자를 어디에 했기에 돈을 쓰면 쓸수록 GDP 기여율은 낮아졌는가? [표 21-2]가 이것을 설명한다.

도표는 일본의 대도시와 지방도시에 투자한 일본의 건설비예산이다. 1975년을 기점으로 지방도시 건설투자비가 대도시 건설투자비를 넘어섰다.

즉 위의 두 가지 도표는 일본 정부가 그동안 일본 3대도시권보다 지방에 더 많은 투자를 했다는 것을 보여준다. 이것은 점잖게 말하면

230

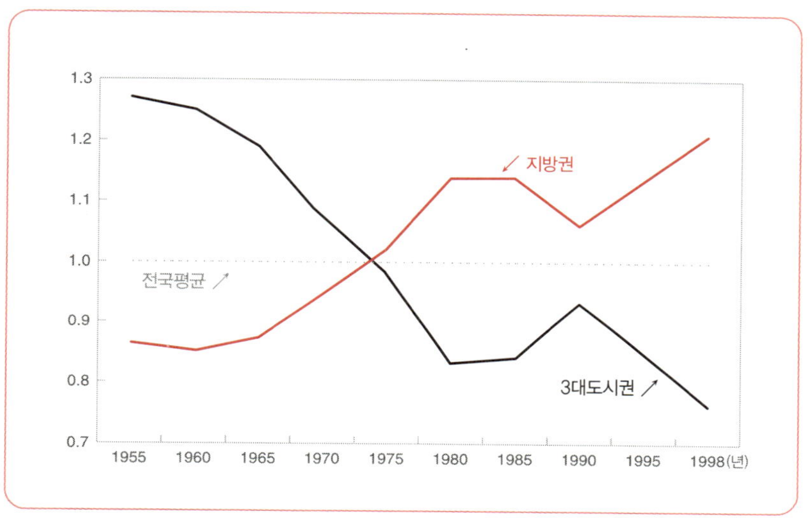

주: 전국 평균을 1로 보았을 때

지방에 대한 과잉투자였고 직설적으로 말하면 정부가 각종 쓸데없는 공사를 통해서 지방 주민을 그동안 먹여 살렸다는 것을 증명해 주고 있다.

그래서 아베 총리는 지방 투자를 줄이려고 했다. 하지만 생존권이 걸렸다고 생각한 일본의 지방 주민들이 이런 아베를 해임시킨 것이다(물론 표면적인 이유는 테러방지법을 둘러싼 의견 충돌이었지만). 여기서 중요한 점은 일본 정부는 언제부터 어떤 돈으로 지방 주민을 먹여 살려왔는가 하는 것과 그리고 그 결과는 어떻게 될까 하는 것이다.

잘못된 선택

2차 세계대전이 끝나자 일본은 철강, 요업, 화학 등 중장후 사업들을 발전시켜 왔다. 이는 전쟁에서 파괴된 국토를 복구해야 할 필요가 있었고 미국 등 서방이 일본에게 중장후 산업을 갖출 것을 권유했기 때문이었다. 미국 등 서방 국가는 일본에 중장후 산업설비를 팔고 자신은 잽싸게 첨단산업으로 산업구조를 바꾸어나갔다.

앞으로는 첨단 업종이 산업을 이끌고 나갈 것이라는 사실을 그들은 알고 있었기 때문이다. 중장후 산업에 많은 투자를 한 일본은 곧 이 사실을 깨달았다. 이때 일본 정부는 결정을 내려야 했다. 많은 돈을 투자해서 도입한 시멘트 철강 등 중장후 산업 설비들을 포기하고 첨단산업으로 전환할 것인가 아니면 계속해서 중장후 산업을 국가의 기간산업으로 밀고나가야 할 것인지를 고민해야 했다.

일본은 후자를 택했다. 후자를 택한다는 것은 국가의 경제 정책이 수출우선 정책에서 내수우선 정책으로 바뀐다는 것을 의미한다. 상품을 만들어서 외국에 수출하면 수출 대금이 들어온다. 그 수출 대금으로 다시 상품을 만들어 수출을 하게 된다.

하지만 내수를 살리려면 국내의 누군가가 상품을 사주어야 한다. 전후 일본 국민은 구매력을 갖지 못했다. 따라서 일본 정부가 국채를 발행해서 전국 각지에 국토개발을 시작했다. 경제 발전에 따라 필요한 인프라를 갖추는 것이 아닌 국내 경기를 살리기 위해 인위적인 개발이 이루어지기 시작한 것이다. 그 덕분에 도로, 항만 등 일본의 공공 시설투자는 세계적인 수준에 올랐다.

국토의 균형 있는 발전

일본은 1959년부터 '국토의 균형 있는 발전' 정책을 펴왔다. 국토의 균형 있는 발전 정책의 핵심은 일본에서 가장 큰 2개의 도시, 즉 동경과 오사카에 대한 규제로부터 시작된다. 구체적으로는 동경과 오사카에 공장과 대학 캠퍼스 설립을 금지시켰다. 그리고 대도시에서 지방으로 이전하는 기업에 각종 혜택을 주었다. 이름하여 수도권 규제 3법이 수십 년 동안 실시됐다.

그렇다면 공장과 대학을 지방으로 이전시키려는 일본 정부의 의도는 성공했는가? 불행하게도 현실은 일본 정부의 의도대로 움직여 주지 않았다. 동경과 오사카의 공장은 지방으로 이전하지 않고 중국 등 다른 나라로 가버린 것이다.

[표 21-3]을 보면 일본 제조업의 해외 생산비율은 1992년 6.2%에서 1997년에는 12.4%로 5년 만에 무려 두 배가 높아졌음을 알 수 있다. 하지만 일본 정부는 이런 수도권 규제 3법을 계속해서 밀어 붙였다. 결국 일본 최대의 도시 동경과 오사카의 생산성은 계속해서 떨어졌고 정작 예산을 쏟아 부은 지방 도시들의 생산성은 바닥을 기었다.

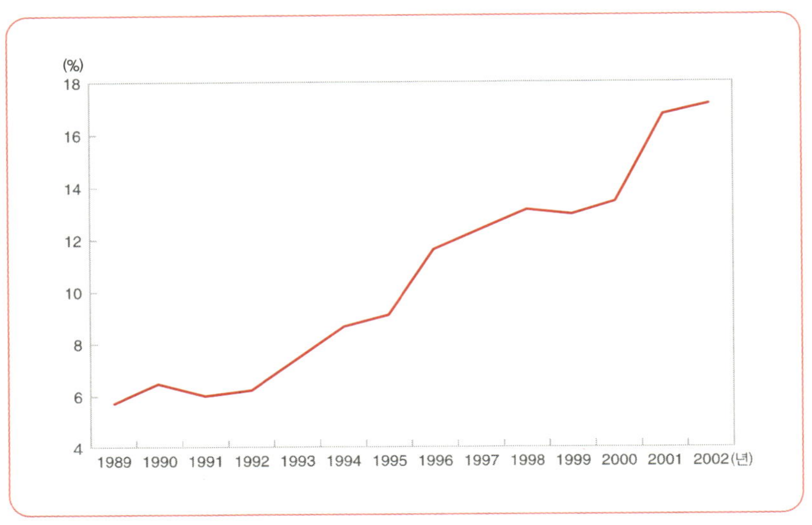

하지만 일본 정부는 지방에 대한 투자를 늦추지 않았다. 인구가 거의 없는 농촌마을에 도로 등 사회기반시설을 마구 만들었다. 경제성을 따지지 않고 국토 구석구석에 투자를 한 오늘날 일본의 도로와 터널 교량은 어떻게 변해 가는가? 일본의 인구가 줄어들면서 당연히 이들 시설을 이용할 사람이 줄어들고 이들 시설물들의 관리에 필요한 예산을 확보하지 못해 터널 천정의 콘크리트 조각이 떨어져 내리고 아스팔트에 구멍이 생겨서 다수의 교통사고가 발생하고 있다. 또 수도관의 노화로 단수가 되기도 한다.

하지만 일본은 인구 감소로 사회 간접 투자 예산은 해마다 3%씩 감소하고 있기 때문에, 2023년에는 이런 시설물들을 유지보수 하는 데 필요한 예산이 신규로 투자하는 액수를 넘게 된다. 2030년이 되면 유지와 보수에 필요한 예산의 78%밖에는 예산 투입이 이루어질 수 없다.

일본인들은 두 가지 악몽을 꾸고 있다. 로마 제국의 국력쇠퇴는 수도, 도로 등 도시 기반 시설이 황폐화되면서 도시 기능 자체를 유지할 수 없어 멸망했다는 것이고, 또 하나는 1970년대 재정난으로 뉴욕의 중심가가 슬럼화된 사례다.

따라서 일본에서는 마이너스 도시 관리가 연구되고 있다. 즉 공공 시설을 통폐합하는 작업과 함께 도시를 축소하는 작업이 진행 중이다. 물론 이렇게 허물고 줄이는 데도 예산이 필요하다. 이 당시 만들어진 도로와 터널 등은 지금 현재 사람이 거의 이용하지 않고 곰과 다람쥐만 이용하는 '다람쥐 도로'로 전락해 버렸다.

일본의 시골을 방문한 적이 있는 우리나라의 관광객들은 "과연 일본은 경제대국이구나"라고 생각한 사람들이 많을 것이다. 왜 일본은 사람이 거의 살고 있지 않은 두메산골에도 포장도로가 구석구석 잘 발달돼 있는지 설명되는 부분이다.

미국의 경우 클린턴 전 대통령의 고향인 아칸소 주는 아직도 포장이 안 된 도로가 많다. 왜 미국에는 포장이 안 된 도로가 아직도 많은가? 경제성이 없으면 대통령 고향이라도 포장을 할 필요를 느끼지 않기 때문이다.

지난 10여 년 동안 극심한 경기침체를 겪은 일본은 드디어 2002년 부터 수도권 규제 3법을 폐지하기 시작했다. 수도권 규제 3법 폐지의 효과는 즉각적이고 놀라웠다.

아래의 [표 21-4]는 수도권 규제 3법 중 제일 먼저 공장 재배치 법이 폐지되고 난 후 오사카 지방의 공장용지 취득 면적이다. 그리고 [표 21-5]는 제조업 사장들에게 어디에 공장을 지을 것인가를 물어본 것이다.

해외에 공장을 만들겠다는 비율은 1998년 6.1%에서 2002에는 23.6%까지 계속 높아져 왔다. 그런데 수도권에 공장 설립을 규제하

[표 21-4] 공장재배치법 폐지 이후 오사카 지방의 공장용지 취득면적

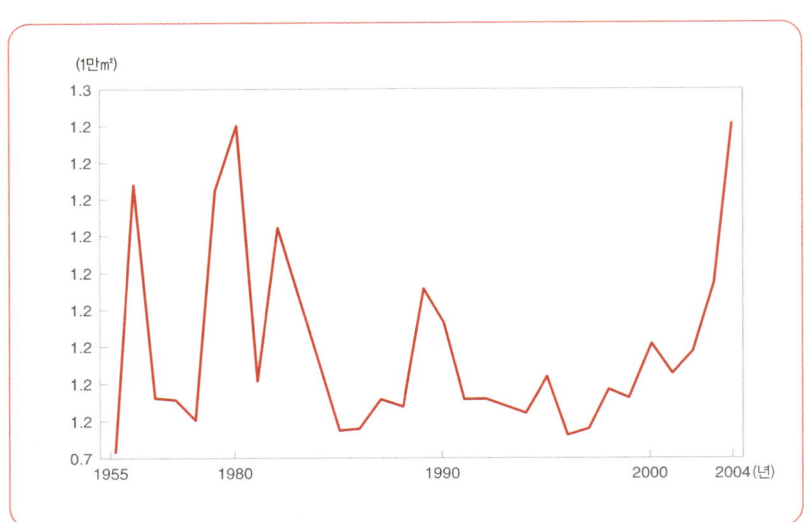

[표 21-5] 공장부지의 해외이전 의사표시 조사

(단위: %)

1998년	1999년	2000년	2001년	2002년	2003년
6.1	7.9	11.7	20.8	23.6	9.4

던 공장 재배치 법이 폐지된 직후인 2003년에는 해외로 공장을 이전 하려는 이주 희망자가 9.4%로 뚝 떨어졌다.

[표 21-6]은 일본 국토교통성이 발표한 수도권규제법 폐지 이후의 공장착공 면적을 보여준다.

[표 21-6] 수도권규제법 폐지 이후 공장착공면적

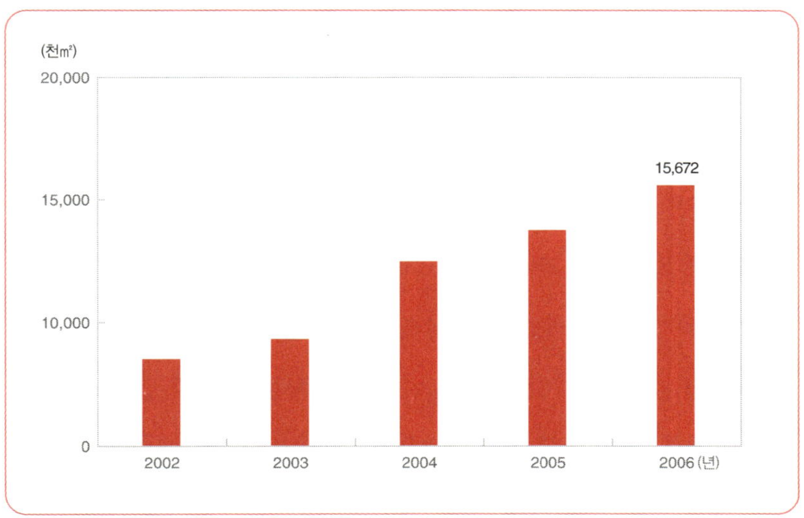

출처: 일본 국토교통성

위의 3가지 표는 일본의 수도권 규제 3법이 얼마나 일본경제를 왜곡해 왔는가를 보여준다. 2006년 5월 동경의 유명한 대학 교수와 경제학자 8명이 《都心回歸의 經濟學(도심회귀의 경제학)》이라는 책을 공동으로 집필하여 출판했다.

이들 학자들은 "수도권 규제 3법이 일본의 장기불황을 가져온 주범"이라고 주장한다. 또 "수도권 규제 3법은 태어나지 말았어야 할 대표적인 정치입법"이라고 표현하는가 하면 "최근 일본의 경기회복은 '국토의 균형 있는 발전' 정책을 포기했기 때문이다"라고 단정한다. 그리고 "일본 경제를 더욱 더 발전시키기 위해 대도시로의 집중"을 주장하고 있다.

샴페인 잔치는 끝나고 빚잔치가 기다린다

그렇다면 일본의 잘못된 선택과 낭비적인 국토의 균형 발전 정책은 일본의 경기 회복과 함께 해피엔딩으로 끝나는가? 그랬으면 얼마나 좋겠지만 불행하게도 이 세상에는 공짜가 없다. 일본 정부는 수십 년간 지방 주민을 먹여 살리기 위해서 국채를 발행해 왔다. 얼마나 많이 발행했는가? 일본 정부는 2006년 말 일본의 공식적인 국가 부채는 834조 엔이라고 발표했다.

하지만 일본의 일부 학자들은 숨겨진 국가부채가 지방채를 합쳐

400~500조 엔 이상 더 있을 것으로 추정하고 있다. 그래서 일본의 국가부채는 지금 현재 약 1,000조 엔이 넘을 것이라는 것이 일반적인 인식이며 이미 발행한 국채의 이자를 지불하기 위해 하루에 800억~1,000억 엔의 신규 국채를 발행해야 한다. 이렇게 해서 한해 50조~60조씩 늘어나는 정부의 빚은 2015년에는 1,400조 엔을 넘을 것이라는 예상이다. 이 금액은 일본 국민이 갖고 있는 금융 자산의 총액과 동일한 액수다.

즉 2015년 이후에는 일본 정부가 빚을 더 얻어 쓰고 싶어도 돈을 꾸어올 데가 없다는 것을 의미한다. 만약 이후에도 돈을 더 꾸려면 IMF에 구제금융을 요청해야 한다. 그런데 학자들은 2015년 이전에 일본 정부는 파산할 가능성이 높은 것으로 보고 있다. 2006년 9월로 임기를 마친 고이즈미 총리는 "빠르면 2012년에 일본이 파산할 수 있다"고 시인했다. 그리고 그는 총리 직에서 사임했다.

사람들은 미국 정부도 많은 국채를 갖고 있다고 말한다. 이렇게 말하는 이유는 엄청나게 빚이 많은 미국도 끄떡없는데 국채 때문에 일본이 파산하겠는가 하는 의구심 때문이다. 이에 대한 대답은 간단하다. 미국의 달러는 전 세계를 움직이는 기축통화이다. 미국의 국채 중 외국 정부와 외국인이 보유하고 있는 비율은 25.5%나 된다. 이들이 미국 정부에 자꾸 꾸어간 돈을 갚으라고 독촉하면 종이에 달러(Dollar)라고 써서 주면 된다.

또 돈 좀 조금 꾸어주었다고 거들먹거리는 마음에 안 드는 국가는 잠시 손봐주면 된다. 최근 미국이 손봐준 대표적인 국가는 이라크다. 이라크의 사담 후세인은 국제간 석유 거래의 결제 화폐를 달러에서 유로화로 바꾸는 데 결정적인 역할을 했다. 석유처럼 중요한 자원의 대금결제를 자국의 화폐로는 불가능해진 미국이 취할 수 있는 선택은 너무나 뻔한 것이었다.

일본은 많은 대외 자산을 갖고 있다고 말한다. 사실이다. 하지만 일본이 갖고 있는 해외 자산은 일본 기업의 것이지 일본 정부의 것이 아니다. 일본 정부가 빚을 갚지 못해 파산할 지경에 이른다고 해도 일본 기업이 해외 자산을 팔아서 일본 정부에 아무 조건 없이 기증하지는 않을 것이다. 즉 최악의 경우 일본정부가 IMF에 긴급 자금을 요청할 지경에 이르게 되면 일본의 기업은 사전에 보유하고 있던 국채를 투매할 가능성이 높다. 더 나가서 엔화 자산을 잽싸게 외화표시 자산으로 바꾸어 두려고 할 것이다.

다시 말하면 정부와 개인은 파산을 하더라고 기업은 살아남으려고 노력할 것이다. 지금 현재 일본의 대기업들은 해외에서 벌어들인 돈을 다시 일본으로 가져오지 않고 현지에서 투자한다. 즉 엔화 표시 자산을 보유하지 않으려고 한다는 것이다. 이런 현상은 일본의 개인들도 마찬가지다.

2007년부터 800만에서 1,000만에 이르는 단카이(團塊) 세대(1947~1949년 출생)가 정년퇴직을 시작했다. 이들의 퇴직금을 기다리고 있던 소비재 업계는 실망했다. 이들 은퇴자들이 퇴직금을 손에 쥐자마자 은행으로 달려가서 다른 나라 화폐로 바꾸어버리기 때문이다. [표 21-7]은 일본인들이 해외에 얼마나 투자했는지를 보여준다.

일본의 파산은 의외로 빨리 2008년에 올 가능성이 높다고 분석하는 학자들이 있다. 그 이유는 두 가지이다. 첫 번째 이유는 일본의 국채 만기가 대부분 2007년 말에서 2008년 사이에 몰려 있기 때문이라는 것이다. 두 번째 이유는 너무나 아이러니하다. 즉 일본의 경제가 다시 강한 회복세를 타고 있기 때문이라는 것이다.

[표 21-7] 일본 개인들의 해외투신상품 투자 잔액

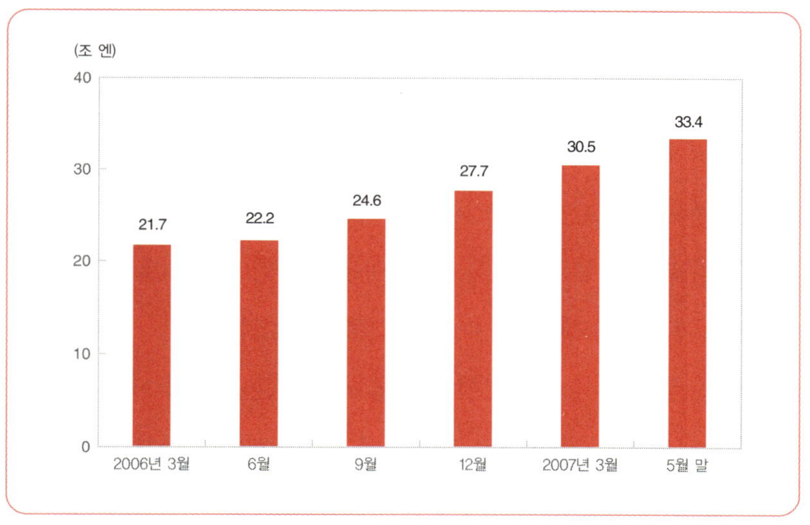

출처: 일본은행

경기가 회복세를 보이고 있는데 왜 나라가 파산하는가? 쉽게 납득이 가지 않는 대목이다. 하지만 일본 국채의 대부분을 일본 은행이 갖고 있다는 사실을 안다면 이해의 실마리를 풀 수 있다.

일본은 2002년부터 시가 회계 기준을 채택했다. 일본 은행들은 결산 때마다 보유 자산의 시가를 평가하여 이를 반영한다. 중앙은행은 일본의 경기가 회복되면 시중 금리를 인상한다. 벌써 일본은 2007년 초에 금리를 약간 올렸다. 문제는 시중 금리가 높아지면 빚을 얻어서 이자를 갚아야 하는 일본 정부의 부담이 커진다.

시중 금리가 높아지면 반대로 국채의 가치는 하락함을 의미한다. 시중 금리가 1% 상승할 때마다 일본 국채의 가격은 0.41% 하락한다. 따라서 많은 국채를 보유하고 있는 일본 은행들의 보유자산이 줄어든다. 즉 국제결재은행(BIS) 비율을 맞추기 위해서 기존에 나가 있던 대출금을 회수해야 하는 사태를 맞게 된다. 나라에 빚이 많으면 경기가 살아날수록 국가의 파산 위기는 높아지는 아이러니한 초유의 사태를 목격할 가능성이 높다.

일본 학자들은 일본 정부의 파산 이후에 관한 시나리오를 짜고 있다. 일본 학자들이 생각해 낸 두 가지 방법을 소개한다.

첫째는, 국가가 파산 지경에 이르게 되면 얼른 은행의 시가 회계 기준을 원가 회계 기준으로 바꾸게 하자는 것이다. 즉 국채 가격의 하락을 은행이 회계상 반영하지 못하게 함으로써 BIS 비율을 맞추기 위한 대출금의 회수를 막자는 것이다.

　두 번째는, 모든 일본의 은행이 모두 국제결제은행이어야 할 필요가 있느냐는 것이다. 다시 말해서 1, 2개 은행을 제외한 나머지 은행은 모두 국제결제를 포기하고 국내 은행으로 전환하자는 주장이다.

　일본은 과연 파산할 것인가? 쉽지 않은 예측이다. 하지만 1997년에 우리나라 국민도 예기치 못한 IMF 관리 체제를 경험했듯이 일본 정부도 어느 날 아침 IMF에 구제 금융을 요청할 수 있는 가능성은 높다. 왜냐하면 빚은 개인의 빚이든 나라의 빚이든 반드시 갚아야 하기 때문이다. 즉 최근 늘어나고 있는 국가의 부채는 언젠가 누군가는 갚아야 한다는 사실이다.

　하지만 역대 자민당 정권은 일본 국민에게 자신들이 이렇게 엄청난 실수를 범했음을 말하지 않았다. 그리고 이런 잘못을 어떻게든 조용하게 되돌려보려고 노력했다.

　이런 시도의 첫 번째 주자가 고이즈미 총리이고 두 번째 주자가 아베 총리였다. 고이즈미는 일본 경제의 가장 민감한 문제를 살짝 건드리고 퇴임했다. 후임자 아베는 본격적으로 핵심적인 문제에 손을 대려고 했다. 그 결과 지방 사람들이 반발했고 아베는 미련 없이 사임했다.

　아베의 후임자 후쿠다 총리는 총리로 확정되자 "민감한 문제를 피해가겠다"고 했다. 즉 조금 더 버텨보겠다는 것이다. 조금 더 버틴다는 것은 기업과 도시민들로부터 세금을 더 걷어서 지방 주민들에게 나누어주겠다는 것이다.

전임 총리인 아베는 증세에 반대했다. 세금을 높이게 되면 오히려 기업의 활력을 떨어뜨려서 경제가 더 어려워질 수 있다고 판단한 것이다. 그렇기 때문에 증세보다는 재정규모의 축소, 즉 지방에 퍼붓는 돈을 줄임으로서 국채 증가 속도를 조금씩 늦추어 나가려고 했다.

당연히 지방 사람들에게는 환영받을 수 없는 정책이었다. 앞으로 일본의 총리는 단명할 가능성이 높다. 폭탄 돌리기의 끝 주자가 되기를 원하는 사람은 없기 때문이다.

국채는 필요할 때만 발행하자

22

2007년 여름, 나라 살림을 맡고 있는 재정경제부가 상반기 통합 재정 수지를 발표하면서 처음에는 6조 1,000억 원 적자라고 발표했다가 나중에 11조 3,000억 원 흑자라고 수정 발표했다. 보름 만에 17조 4,000억이라는 숫자가 차이 난 것이다. 기업이라면 상상도 못할 일이다. 기업에서는 매일아침 CEO가 회사의 자금 상황을 보고받는다. CEO가 자기 회사의 자금 사정을 잘못 파악하고 있으면 부도날 확률이 높은 회사다.

재정경제부의 통합 재정 수지가 보름 만에 17조 4,000억 원이나 차이가 난다는 것은 국정의 최고 책임자가 매일 아침 나라 살림을 챙기지 않는다는 것을 의미한다. 만약 국정의 최고 책임자가 자금 사정을 매일 챙기는 기업의 CEO처럼 일했다면 이렇게 착오가 날 리가 없다.

국가의 최고 책임자와 기업의 CEO를 동일선상에 놓고 비교할 수 있는가라는 반론이 있을 수 있다. 물론 전혀 근거 없는 이야기는 아니다. 하지만 우리는 나라 살림에 관한 숫자 챙기기에 거의 관심이 없던 대통령을 모신 경험이 있다. 그리고 그 결과는 너무나도 참담했었다.

최근 우려스러운 일은 나라의 빚이 점점 늘어나고 있다는 데 있다.

[표 22-1] 국채 증가 현황

출처: 〈매일경제신문〉 2006년 7월 14일자

[표 22-1]은 2002년에 133조 원이던 국가 채무가 2007년에는 300조 원을 돌파해 국민 일인당 빚이 600만 원을 돌파할 것임을 보여 준다.

우리는 한해 국채 이자로 12조 원가량을 지불한다. 국방 예산이 22조 원 정도니까 국방 예산의 절반 정도나 된다. 국가의 빚이 많아지면 그 결과가 어떻게 되는지 앞서 일본의 경우에서 보았다. 일부에서는 OECD 국가들과 우리나라의 국채를 비교하면서 아직은 우려할 만한 수준은 아니라고 말한다.

그런데 OECD 국가들은 과거에 빚을 진 것을 지금 후회하고 있다. 최근에 EU 국가들은 국채를 발행하고 싶어도 마음대로 못한다. 어느 정도 이상의 국채를 발행하면 벌금을 물어야 한다. EU가 회원국들의 건전한 재정을 위해서 국채 발행을 엄격하게 제한하고 있기 때문이다.

혹자는 사회복지와 주거 안정을 위해서 국채의 발행은 불가피하다고 말할 수 있다. 하지만 주거 안정을 목적으로 한 국채의 발행에는 반대한다. 주거의 문제는 민간에 맡겨도 된다. 최하위 소득계층에만 주거비를 보조하면 된다. 국채는 매우 필요할 때만 발행해야 한다. [표 22-2]는 외환시장을 안정시키기 위해 발행한 국채의 규모를 보여 준다.

우리가 이렇게 외환시장 안정용 국채를 발행하는 이유는 우리나라 경제의 대외 의존도가 높기 때문이다. 왜 우리나라 경제는 대외 의존도가 높은가? 나라가 작아 내수 시장이 작기 때문이다. 우리나

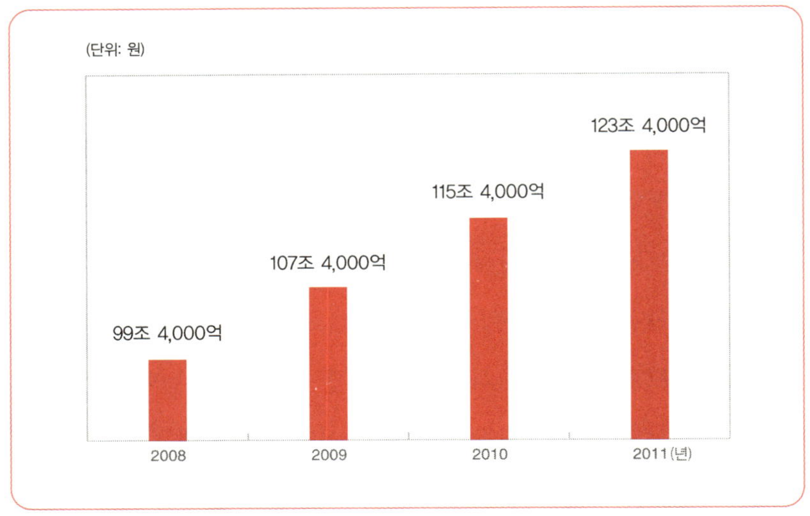

출처: 기획예산처

라 인구는 약 4,700만 명이다. 이중 경제활동에 참여하지 않는 인구를 제외하면 실제 경제 활동 인구는 1,000만 명 정도다. 미국의 인구는 3억 명 정도지만 실질 경제 인구는 1억 명이 훨씬 넘는다. 일본의 인구는 1억 2,000만 명이고 실질 경제인구는 7,000만~8,000만 명 정도다.

한국은 세계 10위권의 경제력을 가졌지만 수입과 수출을 못하거나 잘못하면 큰일이 난다. 그런데 수입과 수출에 결정적인 영향을 주는 것이 환율이다. 즉 우리나라에서 가장 중요한 일은 만사 제쳐 두고 외환 관리다. 그런데 외환 관리는 정부만 할 수 있다.

　1997년 IMF 사태도 정부가 외환 관리를 잘못해서 벌어진 일이다. 달러 가치가 오르고 내림에 따라 국내 경제는 커다란 영향을 받는다. 따라서 정부는 외환시장에 개입을 할 수밖에 없다. 물론 정부의 외환시장 개입에 찬성하지 않는 학자도 있다. 하지만 이런 사람들은 학자일 뿐이다. 현실에서는 미국 정부, 일본 정부 가릴 것 없이 모두 외환시장에 개입한다.

　심지어는 군사작전을 하듯 미국과 일본의 관리들이 합동작전을 펴기도 한다. 이런 연합 작전은 ○월 ○일 ○시에 워싱턴과 동경에서 작전개시를 동시에 선언하는 것으로 시작되기도 한다. 연합 작전은 단독 작전보다 효과가 있기 때문이다. 가끔 연합 작전 계획이 사전에 새나가서 미국과 일본의 관리들이 서로 책임을 떠넘기는 일이 벌어지기도 한다.

　정부가 외환시장에 개입하는 방법은 두 가지다. 첫째는 말이고, 둘째는 돈이다. 즉 "외환시장에 개입하겠다"고 엄포를 놓는 것이 첫 번째 방법이다. 그런데 이런 방법은 한두 번에 그친다. 정부의 엄포에도 외환시장에 변화가 없으면 실제로 두 번째 방법인 돈을 풀어야 한다. 즉 실탄이 필요하다. 정부는 이 실탄을 국내외에서 국채를 발행해서 마련한다. 그런데 실탄을 사용하는 방법이 중요하다. 경우에 따라서는 짧은 시간에 충분한 실탄 사격이 필요할 때도 있다.

　우리나라 정부가 외국시장에서 발행하는 국채는 인기가 높다. 이유는 두 가지다. 첫째는, 한국 정부가 돈을 떼먹지 않을 것이라고 확신하기 때문이다. 한국 정부는 1997년 발생한 외환위기 때 외국돈을 한 푼도 떼먹지 않았다. 국내의 우량자산을 헐값에 팔아서 모두 갚았기 때문이다. 두 번째는, 아직 한국은 빚이 많지 않다고 판단하고 있다. 그 근거는 현재 우리 정부의 관리들이 "OECD 국가에 비해 빚이 많지 않다"고 말하는 것과 같은 맥락이다.

최근 시중 은행들은 우량 고객들에게 대출을 받아가라고 권유하고 다닌다. 은행에 돈이 많은데 대출을 받아가는 사람이 없기 때문이다. 세계적으로도 마찬가지다. 안정적이라고 생각되면 약간의 금리를 받고라도 돈을 빌려주겠다는 투자자는 줄을 서 있다.

그러나 돈이 정말로 필요해서 돈을 빌리는 것과 돈 빌리기가 쉬워서 돈을 빌리는 것은 차이가 있다. 환율 안정을 위해 외국에서 빌려오는 돈은 미국의 국채 등을 매입하는 것과 같은 방법으로 돈을 다시 갚을 수 있는 장치를 마련한다. 하지만 복지와 주거 안정을 목적으로 한 국채의 발행은 소모적이고 낭비적인 부분이 많다. 즉 비효율적인 투자를 의미한다. 이런 비효율의 대가는 다음 세대가 치러야 한다. 빚은 상속되기 때문이다. 그런데 빚을 상속받을 사람들은 아직 태어나지 않았거나 태어났어도 선거권이 없는 어린이들이다. 이들의 미래를 저당 잡히고 빚을 떠넘기는 것은 대표적인 모럴 헤저드다.

헤지 펀드의 전설적인 인물 조지 소로스는 1992년 영국 정부와 싸움을 벌였다. 당시 파운드화가 급락하고 있었다. 소로스는 이것을 이용했다. 이 싸움에서 영국은 조지 소로스에게 패했고 소로스는 전리금으로 20억 달러를 챙겼다.

이 사건은 두 가지를 의미한다. 첫째, 일개 펀드 회사의 힘이 G7국가에 속해 있는 한 나라보다 더 크다는 것을 보여준다. 둘째, 어떤 국가가 경제적인 위기에 빠질 우려가 있을 때 이를 이용해서 자신의 경제적인 이익을 챙기려는 투기 세력이 득실거리고 있다.

지금 세계는 국제적인 펀드 자본주의로 묘사된다. 돈벌이만 된다면 한 나라의 운명쯤은 몇 개 펀드들이 힘을 합쳐서 좌지우지할 수 있

[표 22-3] 헤지펀드에 의한 국내 금융시장 교란 가능성

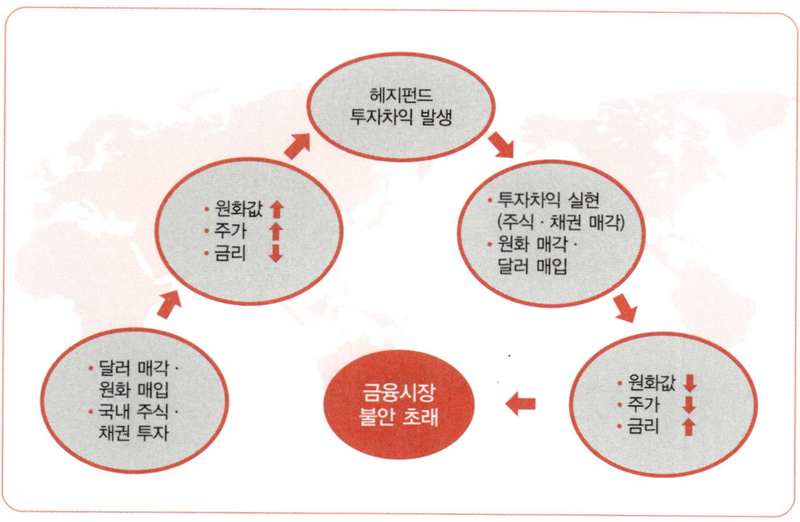

다. [표 22-3]은 헤지 펀드의 가장 일반적인 이익 실현 방법이며 현실성 있는 시나리오다.

이 시나리오를 잠시 설명한다. 외국의 헤지 펀드(이들은 주로 비과세 지역에 위치한다)가 공격 대상 국가에 달러를 가지고 들어와서 해당국의 화폐와 바꾼다. 이렇게 바꾼 해당국 화폐로 주식을 산다. 이렇게 되면 해당국의 주가가 오른다. 물론 해당국의 화폐 가치는 오르고 금리는 내려간다. 이들은 낮은 금리를 이용해서 해당국의 국내 금융 기관에서 돈을 빌려(원금의 몇 배가 된다) 다시 주식이나 채권에 투자한다. 주가는 점점 더 오른다. 결정적인 순간에 주식과 채권을 판다. 주식 매각 대금으로 해당국의 화폐를 매각하고 달러를 구입해서 떠나버린다. 해당국의 화폐는 폭락한다. 금융 시장은 혼란에 빠진다. 해당국은 IMF에 구제금융을 요청하고 IMF는 가혹한 구제 금융 프로그램을 강요한다. 해당국은 자국의 우량 자산을 팔아 빚을 갚는다.

앞의 시나리오는 언제든지 현실화될 수 있다. 그리고 우리나라는 그 시나리오 주인공으로 캐스팅될 수 있는 매력을 가진 나라다. 우리나라는 2007년 여름 발생한 미국의 서브프라임 모기지 부실 사태로 주가가 가장 많이 떨어진 나라 중 하나다. 환매 요구로 현금이 급해진 외국의 펀드들이 우리 주식 시장에서 돈을 빼갔기 때문이다. 우리나라의 주식 시장은 이런 점에 있어서 매우 취약하다.

만약 우리나라에 또다시 1997년 같은 외화위기가 온다면 내부적인 이유 때문이 아니라 미국의 서브프라임 사건이나 위의 시나리오와 같은 외부적인 이유일 가능성이 높다. 따라서 정부는 위기에 대처할 수 있는 시스템을 구축해 놓아야 한다.

위기관리 시스템의 가장 중요한 요소는 결정적일 때 국가가 힘을 갖고 있음을 보여주는 능력이다. 그런데 빚쟁이는 힘이 없다. 쓸데없거나 별로 중요하지 않는 곳에 힘을 써버렸기 때문이다.

국가의 위기관리를 위해 서민 주거 안정용 국채의 발행은 포기해야 한다. 주거문제는 민간에 맡겨도 해결이 가능하기 때문이다. 비록 그 해결 방법이 정의롭지 않게 생각되더라도 보다 중요한 정의(국가 전체를 위기에 빠트리지 않는 것)를 위해 외국이 하는 것처럼 주택 시장을 민간에 맡기고 국채발행을 포기해야 한다.

세금에 대해

참여정부 출범 이후 부동산 세금과 관련한 많은 논란이 있어 왔다. 부동산의 양도차익에 부과되는 양도소득세뿐만 아니라 재산세와 종합부동산세까지 세금 부담이 많이 늘었거나 신설되었기 때문이다.

이렇게 부동산 관련 세금이 무거워졌거나 신설된 것은 부동산 투자를 국가 경제에 해로운 투기로 보고 이런 투기를 통한 이익에 관해 징벌 성격의 제제를 가하려는 의도가 짙다고 보아야 한다.

여기서 잠시 문제풀이를 풀어보자. 다음 세 가지 중에서 맞는 것 한 가지만 골라 보기 바란다.

위의 질문에 대한 답으로 ③번을 선택하기는 쉽지 않을 것이다. 여기서 2007년 8월 서울행정법원의 판결문을 소개한다.

"1주택자에 대한 종부세부과는 부동산 투지 방지의 목적에 적합하지 않고 면적이 적은 주택 소유자가 물가가 올라 종부세를 내야 할 경우 정부의 정책 실패가 주택 소유자 책임으로 전가될 위험이 있다."

이 판결문은 우리가 ③번을 정답으로 서슴없이 선택하기 쉽지 않다는 것을 사법당국도 인정하고 있다는 것을 보여주고 있다. 그렇다면 정답은 ①번이나 ②번일 확률이 높다.

그런데 ①번이나 ②번을 선택하면 문제가 복잡해진다. 수년 동안 많은 논쟁이 존재해 왔기 때문이다. 따라서 가장 좋은 방법은 이 문제를 풀지 않고 넘어가는 방법이다. 세상을 살아가면서 모든 문제를 다 풀어야 할 이유는 없다. 피해가는 것도 방법이다. 피해가는 한 가지 방법을 소개한다.

부동산 거래를 통해서 국가가 가장 많은 세금을 걷어 들이는 방법을 제안한다. 국가가 세금을 가장 많이 걷으려면 세목을 신설하고 세율을 한없이 높이면 될까? 천만의 말씀이다. 세금 부담이 높으면 사람들은 부동산 거래를 하지 않는다. 부동산 거래가 없으면 세금을 걷을 수 없다. 그렇다고 세금을 아주 낮추어주면 전체적인 세수가 줄어든다.

가장 좋은 방법은? 수학자를 동원하는 방법이다. 수학자들에게 용역을 주면 가장 적절한 세율을 계산해 낼 수 있다. 적절한 세율이란 부동산 거래가 활발하게 이루어지면서도 국가 전체의 세수를 늘리는 방법이다.

이와 같은 방법의 제일 큰 수혜자는 정부다. 왜? 많은 세금을 걷었으니까. 정부가 제일 큰 수혜자가 되면 부동산 거래 당사자와 상대적으로 부동산 자산을 갖고 있지 못한 계층 간의 충돌은 상당히 완화될 수 있다.

기왕에 수학자에 대한 언급이 나왔으니까 수학자의 역할에 대해 한 가지만 더 말하겠다. 세계의 첩보위성들은 상대국의 잠수함 기지를 열심히 관찰한다. 잠수함 기지의 잠수함 중 한 대가 없어진 것이 관측되면 그 잠수함이 어디로 갔는지를 찾기 위해 촉각을 곤두세운다. 왜냐하면 그 잠수함이 자국의 영해 안으로 들어와서 헤집고 다닐지 모르기 때문이다.

　그렇다면 자국의 바다 밑을 돌아다니는 적국의 잠수함을 누가 잡아내야 하는가? 물론 해군이다. 그런데 해군이 그 넓고 깊은 바다 속에서 적국의 잠수함을 찾아내기란 한강에서 바늘 찾기와 다름이 없다.

　이때 매우 커다란 도움을 줄 수 있는 사람이 수학자다. 잠수함은 산소를 필요로 한다. 엔진을 움직이고 잠수함 승무원들이 숨을 쉬기 위해서다. 물속으로 사라진 잠수함은 일단 산소가 떨어지면 물위로 올라와야 한다.

　수학자들은 위성사진으로 관측된 적국의 잠수함이 기지에서 사라진 몇 시간 뒤에 물 위로 떠오르게 되는지를 계산해 낼 수 있다. 그리고 잠수함의 속도 등을 감안해 물위로 몸체를 들어낼 것으로 예상되는 지점을 예측해 낼 수 있다.

　물론 적국 잠수함을 잡아내기 위해서 해군의 장비를 보강하는 것도 방법이다. 이것은 대폭적인 국방 예산의 증액을 의미한다. 국방 예산의 증액은 세금의 인상으로 이어진다. 국가는 어떤 목적을 달성하기 위해 여러 가지 수단을 갖고 있다. 세금은 그 수단 중의 하나다. 그런데 수학적으로 계산하지 못하면 줄일 수 있는 세금을 줄이지 못한다.

　정책 담당자가 어떤 정책을 수립할 때 세금이라는 수단을 가장 먼저 생각한다면 그 나라 국민은 불행하다. 세금은 가장 최후의 정책수단이어야 한다.

여기서 먼저의 질문을 다시 한 번 던져보기로 한다.

앞의 논의에 의해 ③번이 정답이 아닐 확률이 높다는 것에 공감하셨을 것이다. 그렇다면 정답은 ①번인가? 아니면 ②번인가?

정답이 ①번이라도 좋고 ②번이라도 좋다. 중요한 것은 그 해결책이 세금이 아니라는 것이다.

비가 내리는 고속도로에서 달리던 앞차가 갑자기 정차를 했다. 뒤따라오던 대부분의 운전자들은 브레이크를 밟는다. 정확하게 표현하면 대부분의 운전자들이 갖고 있는 사고 방지 수단은 브레이크가 유일하다. 하지만 갑자기 브레이크를 밟는 순간 여러 가지 상황이 연출될 수 있다.

가장 큰 우려는 뒤차가 내차를 들이받는 상황이다. 또 다른 우려는 갑자기 자동차가 빗길에서 회전을 하는 것이다. 바로 이와 같은 상황이 우리가 ③번을 자신 있게 정답으로 말할 수 없는 이유다. 노련하고 현명한 운전자는 자신의 차가 뒤차에게 들이 받치거나 달리는 도로에서 역회전하는 상황을 만들지 않는다. 아니 이런 상황을 처음부터 피해 간다.

만약 운전자가 비가 내리는 고속도로에서 내 차에는 브레이크가 없다는 가정 하에 운전한다면 이런 위험한 상황은 처음부터 피해갈 수 있다. 우리가 원하는 것은 초보 운전자가 아니다. 초보 운전자가 사고를 내면 자신만 피해를 입는 것이 아니라 상대방 운전자나 도로에도 피해를 준다. 그리고 이것을 해결하려면 사적(私的)·공적(公的) 비용이 필요하고 경우에 따라서는 세금을 더 걷어야 한다.

세금은 국가가 국가의 살림을 하는 데 필요한 만큼 걷어야 한다. 즉 세금의 목적에 충실해야 한다는 것이다. 다른 목적 달성을 위해 세금이라는 수단을 사용해서는 안 된다. 정부는 부동산 대책을 발표할 때마다 '세무 조사'를 언급한다. 정부의 발표를 깊이 있게 분석하면 "국민은 탈세를 하십시오. 하지만 부동산 투기만 안하면 눈 감아 드리겠습니다"로 해석될 수 있다.

이것은 커다란 잘못이다. 탈세는 어떤 경우든 적발해 내야 한다. 즉 국가가 '원칙'을 무시하고 있다는 것이다. 정부의 이런 '세무 조사 운운'은 비단 부동산 분야에서만 발견되는 것이 아니다. 이것은 정부가 세금을 국가의 살림을 운영하는 데 필요한 수단으로만 사용하는 것이 아니라, 국가 또는 집권자의 의도를 국민에게 강제하기 위한 협박의 도구로 사용하고 있다는 것이다.

여기서 우리 모두 한 가지 짚고 넘어갈 점이 있다. 우리나라 세법이

‘원칙’ 없이 애매모호하기 때문에 어떤 특정한 사람이나 기업을 필요에 따라서 힘들게 만들 수 있지 않나 하는 것이다. 만약 그렇다면 더욱 더 큰 문제다. 애매모호한 ‘원칙’이 나에게 적용되지 말라는 법이 없기 때문이다. 이렇게 애매모호한 세법은 당국자에 의해 세금이 협박의 도구로 전용되는 데 일조하고 있을 수 있다.

새로운 정부가 들어설 때마다 개혁을 외친다. 하지만 자유민주주의국가에 있어 진정한 개혁은 세금제도의 개혁 없이는 불가능하다. 세금 제도의 개혁 중 가장 중요한 것은 어떤 경우든 세금을 ‘나라 살림에 필요한 재원의 확보’ 이외에 다른 목적이나 수단으로 사용하지 않겠다는 강한 의지다.

우리는 불행하게도 이런 의지를 가진 정부를 그동안 만나지 못했다. 그 이유는 빗길 운전자의 예에서 봤듯이 빗길에서 급작스럽게 브레이크를 사용하지 않기 위해서는 대단한 조심성을 갖고 운전해야 하는 노련함이 필요하기 때문이다. 대부분의 운전자들은 자신이 갖고 있는 유일한 위험 회피 수단이 브레이크라고만 생각하고 있다. 즉 사고방지를 위해 연구하지 않고 기계적인 수단에만 의존하는 것이다.

1997년 우리는 외환위기를 겪었다. IMF가 우리에게 돈을 빌려줌으로서 간신히 이 위기를 벗어났다. 하지만 IMF는 돈을 빌려주는 대가로 우리에게 가혹한 조건을 요구했다. 살인적인 고금리로 수많은 기업이 도산했고 도산한 기업에서 천문학적 숫자의 실업자가 거리로 쏟아져 나왔다. 우리나라는 IMF의 도움으로 외환위기에서 탈출할 수 있었지만 과연 IMF가 우리에게 요구한 조건이 한국 경제를 위해 최선의 방법이었는가에 관한 논란은 끊이지 않고 있다.

IMF를 비난하는 세계의 학자들은 IMF는 채무국으로 하여금 고금리를 유지케 함으로써 외국으로부터 외환이 들어오도록 하는 가장 단순한 수단 이외에 별도의 수단을 연구하지 않았다고 맹비난하고 있다. 즉 IMF는 기계적인 수단 이외에 각 나라별 경제 상태에 따른 정교한 방법을 연구하지 않았다는 것이다.

우리나라의 많은 학자도 이런 견해에 동의하고 있다. IMF 방식과 우리나라 정부가 사용하는 방식의 공통점은 연구하지 않고 기계적인 일을 되풀이한다는 것이다.

정치 제도에 관한 두 가지 제안

24

실명제 법안의 도입

우리는 법을 너무 쉽게 만든다. 깊이 있는 검토 없이 만들어진 법은 법 제정 당시의 목적을 달성하지 못한 채 당사자 사이의 갈등만 심화시킴으로써 사회적 낭비를 초래한다. 임대차 보호법이 그 대표적인 예가 될 수 있다. 10여 년 전 부동산 가격이 폭등할 당시 정치인, 일부 시민운동가와 일부 경제학자들이 세입자를 보호한다는 명분으로 임대차보호법 개정에 앞장섰다.

하지만 실제로 이 법이 시행되자 세입자들이 더 피해를 입는 사태가 발생했다. 기존 세입자에게 전세금을 더 올려 받을 수 없게 된 집주인들이 계약을 갱신하지 않고 임차인들을 내보낸 것이다. 일부 세입자는 자살하기도 했다. 이 법을 개정할 때 반대의 목소리도 있었다.

이런 결과가 빚어질 것을 예측한 사람들이다. 즉 현장의 전문가들이다. 이처럼 법을 제정하거나 개정할 때 전문가의 의견이 무시되는 경우가 많다. 전문가의 의견이 무시된 법은 대개 약자를 위한다는 명분을 앞세운다. 하지만 실제로 이런 법은 오히려 약자를 어렵게 만드는 경우가 많다. 최근 논란이 되고 있는 비정규직 보호법이 이를 잘 보여준다.

기업은 의무적으로 2년이 경과된 비정규직원을 정규직으로 전환해야 한다. 기업주는 당연히 비정규직원이 입사 2년이 되기 전에 해고하고 다른 비정규직원으로 대체하려 할 것이다. 이 때문에 대학의 조교들이 대거 해직됐다. 또 해고된 이랜드 노동자들이 매장을 점거하는 사태를 벌였다. 그 결과 노동자들은 불법 폭력집단으로, 회사는 악덕기업으로 낙인 찍혔다.

노동자와 기업인 모두를 범법자 또는 악덕업주로 만든 이 법을 발의하고 통과에 찬성한 사람은 모두 뒤로 빠져 있다. 결국 이 법은 책임 없는 당국자들이 만든 법이다. 말하자면 이런 법들은 불량품이다. 공산품의 경우 불량품은 리콜을 하면 된다. 하지만 불량 법은 법이 개정되거나 폐기되기까지 당사자들에게 엄청난 고통을 안겨주고 많은 사회적 비용을 지불하게 만든다.

　부동산과 관련한 여러 가지 법들이 만들어졌거나 개정됐다. 앞으로 법을 제정할 때 반드시 국회의원의 이름을 붙이도록 하면 어떨까? 예를 들면 '홍길동 - 아파트 분양가 상한에 관한 법' 처럼 말이다. 여기서 홍길동은 국회의원의 이름이다. 이 법의 발의자가 홍길동 의원일 수도 있고 정부부처일수도 있다. 그 발의자가 누구든 반드시 법의 이름 앞에 국회의원의 이름을 붙이도록 하는 것이다. 건교부 장관이 아파트 분양가 상한에 관한 법을 발의 하려면 반드시 사전에 책임을 져줄 국회의원의 동의를 얻어야 한다.

　이것은 매우 중요한 의미를 갖는다. 즉 국회의원이 다수의 익명성이라는 장막 속으로 자신을 숨길 수 없다는 것을 의미한다. 분양가 상한제의 효과는 수년 후에 나타날 것이다. 그때 자신이 직접 발의했든 명의를 빌려주었던 상관없이 홍길동 의원의 평가는 수년 후에 내려지게 된다. 만약 분양가 상한제가 성공적인 효과를 거두는 것으로 밝혀지면 그는 재선에 성공할 것이다. 하지만 분양가 상한제가 오히려 아파트 공급을 막아 가격을 폭등시키는 원인이었다는 것이 밝혀지면 정치적인 타격을 입을 것이다.

　이와 같은 제도는 세금과 관련한 법일 때 효과가 매우 클 것이다. 예를 들면 '홍길동 - 종합부동산세 징수에 관한 법' 이라는 법을 만든다고 보자. 현역 의원 중에 누가 과연 홍길동 의원의 역할을 할 수 있을까? 쉽지 않을 것이다. 물론 자진해서 이 법 앞에 자신의 이름을 붙이려는 의원이 있을 수 있다. 하지만 신중을 기할 것이다. 자신의 정치적 생명이 걸려 있기 때문이다.

즉 이 제도의 취지는 법을 만들 때 신중을 기하자는 것이다. 그리고 법이 만들어진 후에 홍길동 의원은 법의 효과를 주의 깊게 살펴볼 것이다. 그리고 법의 집행과 효과가 애초의 취지대로 진행되지 않는다면 홍길동 의원은 법안의 폐지 또는 개정을 위해 노력할 것이다.

만약 홍길동 의원이 국회의원 직에서 벗어나 있어도 그에게 법안의 폐지와 개정을 촉구할 수 있는 권한을 주는 것도 검토할 필요가 있다. 즉 국회의원들에게 무한 책임을 지도록 하자는 것이다.

국회의원 선택투표제

현재의 정치 제도는 기본적으로 국회의원은 지역에 기초를 두고 있다. 물론 비례대표 국회의원이 있지만 비례대표 국회위원은 지역구 의원의 숫자에 따라 정당별로 배정되기 때문에 결국 모든 국회의원은 지역에 기초를 두고 있다고 보아야 한다. 그런데 이 제도는 이제 검토가 필요하다.

예를 들어 설명한다. 이몽룡 씨는 의사다. 그는 서울의 종로에 산다. 그런데 주민등록이 종로에 있을 뿐이지 출근은 강남의 병원으로 한다. 또 국내외 의학 학술회 출장 등으로 바빠서 대부분 종로를 비운다. 솔직히 이몽룡 씨는 종로구의 현역 국회의원이 누군지 모른다. 이몽룡 씨의 관심은 의학과 관련한 것이다.

그런데 곧 총선이 시작된다. 종로구에 출마한 후보들 모두가 이몽룡 씨가 잘 알지 못하는 사람들이다. 여러 명의 후보 중에서 도대체 누가 우리나라 의료제도를 개혁하고 올바른 의료관련법 제정에 적합한 인물인지 알 수 없다.

이몽룡 씨의 아내 성춘향 씨는 초등학교 교사다. 성춘향 씨 역시 이번에 출마한 후보 중에서 우리나라의 교육 발전에 누가 도움이 될 수 있는 인물인지 알 수 없는 것은 마찬가지다. 하지만 이몽룡 씨와 성춘향 씨는 국회의원선거에서 누군가를 선택해야 한다. 선거권은 국민의 기본적인 권리다.

과연 이몽룡 씨와 성춘향 씨는 기본권을 보장받았는가? 물리적인 권리는 받았지만 내용적인 권리는 박탈당했다. 즉 잘못된 정치제도에 의해 기본권을 침해당한 것이다.

물론 이런 기본권 침해 현상은 우리나라만의 일은 아니다. 서구에서 민주주의가 만들어질 때 사회 구조는 농경사회였다. 그 후 세상은 산업사회를 거쳐 정보사회로 접어들었다. 하지만 정치제도는 어느 나라를 막론하고 농경사회에 머무르고 있다.

앨빈 토플러는 그의 저서 《부의 미래》에서 "정치가 가장 느린 속도로 변하고 있다"고 기술했다. 우리는 서구에 비해 산업화가 늦었다. 그러나 정보화는 세계적으로 빠른 수준이다. 우리가 여기서 눈부시게 도약하는 길은 정치제도를 정보화시대에 맞추는 것이다. 대통령과 국회의원의 임기를 바꾼다고 해결될 문제는 아니다. 다음은 정보화시대에 맞는 국회의원 선거제도의 한 가지 아이디어다. 이런 아이디어 차원의 제안이 우리나라를 획기적으로 발전시킬 수 있는 본격적인 논의로 승화되기를 기대한다.

국회의원 선거일 아침 이몽룡 씨와 성춘향 씨는 투표소로 갔다. 이몽룡 씨는 투표용지를 '보건복지' 함에서 고르고 이춘향 씨는 '교육' 함에서 골랐다. 당연히 '보건복지' 투표용지에는 보건복지 분야의 출마자들의 이름이, '교육' 함에서 고른 투표용지에는 교육 분야 출마자들의 이름이 적혀 있다.

물론 이와 같은 제도를 도입하려면 많은 연구가 필요하다. 하지만 지방자치가 실시되고 있는 나라에서 국회의원과 지방자치 단체 의원을 모두 지역과 연관지어 뽑는다는 것은 논리적으로도 맞지 않는다. 거듭 밝히지만 이 짤막한 아이디어가 우리나라 정치제도를 세계에서 가장 발전된 제도로 승화시키는 계기가 됐으면 한다.

미국의 그린스펀 전 연방준비위원회 의장이 부시 대통령에 대하여 한마디 했다.

"작은 정부를 실현하지 않아 오늘날 미국경제가 어려움으로 빠져들고 있다."

지구상의 많은 나라가 작은 정부를 향해서 가고 있다. 프랑스의 대통령 사르코지는 취임하자마자 장관 수를 절반으로 줄였다. 그리고 공무원의 감축과 나라 빚의 감축 계획을 발표했다.

우리나라 정부는 2008년 예산안을 2007년보다 7.9% 늘어난 257조 원으로 확정했다. 참여정부가 들어선 이후 가장 높은 수준이다.

[표 25-1] 정부 재정 지출 규모

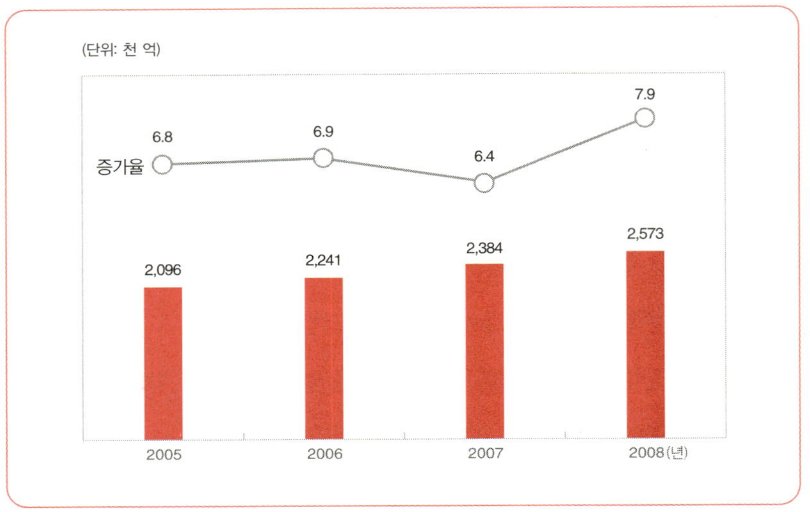

출처: 재정경제부

[표 25-1]은 우리나라의 재정 지출이 얼마나 늘어가고 있는지를 보여준다. 이 도표를 보면 우리정부가 꾸준히 지출을 늘려왔음을 알 수 있다.

최근 대학생을 상대로 한 장래직업을 묻는 설문조사에서 '공무원'이 단연 1순위였다. 이것은 너무나 당연한 결과다.

2008년도 채용계획을 발표한 우리나라의 대표적인 기업 삼성은 내년도 채용을 올해에 비해 줄일 계획이다. 기업은 사업의 규모를 줄이고 정부의 사업은 규모가 커지니까 당연히 인재들이 정부로 몰리는 것이다.

문제는 두 가지다. 첫째, 정부가 서비스를 하겠다고 나서면 민간이 위축된다는 것이고 둘째, 기업의 고용창출은 생산을 증가시키지만 정부의 고용창출은 정부 서비스의 양을 증가시키는 데 있다. 정부 서비스는 세금과 국채로 조달된다. 따라서 우리는 계속해서 많은 세금을 걷어야 하고 국채를 발행해야 한다. 세금 징수와 국채 발행액만큼 민간기업으로 흘러갈 자금은 줄어든다.

그런데 정부의 서비스 중에는 민간이 해도 될 것이 상당히 있다. 즉 정부가 세금을 걷거나 국채를 발행하지 않아도 될 것이 많다. 그럼에도 불구하고 정부가 민간을 대신해서 서비스를 담당하는 이유는 '시장의 실패'라는 것을 명분으로 삼기 때문이다. 즉 시장에 내버려두면 실패하기 때문에 정부가 직접 나서야 한다는 것이다.

정부는 대표적인 시장의 실패 사례로 주택 시장을 예로 든다. 주택을 시장에 맡기니까 가격이 오른다. 그래서 공무원이 직접 신도시를 건설하고 임대주택을 만든다. 또 아파트 부녀회가 아파트 이름을 바꾸지 못하도록 단속도 나가야 한다는 것이다.

필자는 주택 가격의 상승은 시장의 실패 때문이 아니라 정부의 간섭 때문이라고 생각한다. 정부의 간섭이 심할수록 주택 시장은 왜곡된다. 그리고 때가 되면 왜곡된 부분에서 가격 상승 요인이 생긴다. 정부는 기다렸다가 시장의 실패를 외치며 또 다시 간섭의 정도를 높인다. 이것이 지금까지의 주택 정책이었다.

　대표 집필자를 포함한 건국부동산연구원의 200여 명은 우리나라의 부동산 정책을 위해 다음과 같이 제안한다.

- 주택 가격에 관해 정부는 개입하지 말아야 한다.
- 실익이 없고 낭비만 가중시키는 그린벨트는 해제해야 한다.
- 부동산 관련 세금을 포함한 모든 세금은 세금 본래의 목적인 나라의 살림에 필요한 목적으로만 거두어야 한다.
- 정부가 지출하는 예산 항목 중 주택 정책과 관련해서 지출하는 항목은 과감하게 삭감하고 민간 영역으로 돌려야 한다.
- 임대주택 건설을 중단하고 최하위 계층에 대해서만 주택보조금을 지급해야 한다.
- 지방자치단체에 중앙정부에 버금가는 권한을 주어야 한다.

강경호	한일건설 팀장
강명성	애플공인중개사 대표
강병일	삼성엔지니어링㈜ 팀장
강봉구	신한은행 스타타워종합금융센터 지점장
강석진	㈜AMDF/CEO
강옥순	우리은행 서잠실지점 부지점장
강은현	법무법인 산하 실장
강창식	대일에셋감정평가 이사
경정현	대우건설 차장
고정현	우리은행 마케팅팀 부부장
고종옥	베스트하우스 대표
권대중	명지대 부동산대학원 교수
권승혁	㈜리얼멤버스코리아 대표이사
김경훈	Viet Dvelopment, reinfobank.com 대표(베트남)
김국년	현대증권 차장
김기수	법률사무소 이세 변호사
김기웅	전기공사공제조합 지점장
김동수	㈜벽산건설 이사
김동현	알리앙스노드빌압구정신구부동산 이사
김동현	한국자산관리공사 과장
김명순	㈜센츄리21월드부동산 대표이사
김병호	대우건설 건축개발사업팀 과장
김보경	삼일회계법인 매니저
김상식	법무법인 이지 기획실장
김서현	푸르덴셜생명 상무
김석진	푸른부동산랜드 대표
김선현	전 센츄리21서울부동산 대표
김성수	㈜리얼티허브
김성식	㈜한미파슨즈 단장
김성혜	㈜부동산프로 이사
김세형	한국감정원 혁신전략팀장
김솔미	건국대학교 부동산학 석사과정
김수진	국민은행 VIP센터 지점장
김영근	김영근법무사사무소 대표
김영주	전 태아산업 회장
김용남	글로벌PMC㈜ 대표이사
김용진	부동산뱅크 본부장
김은만	디디알소프트 차장
김장호	㈜아이스텀투자 부사장
김주형	시환건설 대표이사
김재용	㈜얼라이언스캐피탈 상무이사
김정훈	㈜대림산업 대리
김종덕	㈜GMRC 전무
김종진	㈜다올부동산신탁

장해룡 ㈜동부건설 상무이사
장홍근 ㈜한샘팀장
전경배 수피씨클럽 대표
전병철 ㈜에이스파트너스 대표이사
전영진 삼성물산 건설부문부장
전재환 LIG여행사 부장
정경진 ㈜제일기획 감사팀장
정경환 ㈜져스트에이엠씨 대표이사
정구상 부일공인중개사 대표
정구원 교보리얼코 팀장
정범호 ㈜알퍼스트자산관리 대표이사
정복동 ㈜우림건설 이사
정우섭 Asia Realty 발행인
정운철 건국대학교 건설팀장
정유신 굿모닝 신한증권 부사장
정종학 강남구청 세무1과장
정진원 ㈜신영 팀장
정진희 정진희 세무회계사사무소 세무사
정현주 LAB이화공인중개사무소 대표
조남성 강남구청 건축과 팀장
조성득 동서주택 전무 이사
조인호 법무법인 가무 파트너변호사
조혜정 법률사무소 서연 대표변호사
조흥연 ㈜대한주택보증 조사연구팀 과장
주용국 현대증권 부동산금융부 팀장
주창민 신한은행 부장
지경환
지윤택 ㈜한호건설 부장
진구철 삼성증권 강남역지점장

진종은 ㈜우리씨에이자산관리 부장
차동은 ㈜이테크건설업무팀차수영
차수영
차원현 ㈜마이에셋자산운용 팀장
차흥권 법무법인을지합동법률사무소
        대표변호사
채 원 Hudson Advisors Korea Inc.
        부장
채승용 ㈜SB에셋 팀장
채영규 ㈜교보생명보험 차장
천연재 ㈜애드라인 본부장
최보경 ㈜행복DNC 이사
최성규 ING생명 FC
최성환 ㈜커머스플러스 대표이사
최영규 한솔에셋매니지먼트 대표이사
최윤주 삼성증권 대리
최종모 법무법인동인 변호사
최창권 3Sc&F 본부장
최창수 대우건설 토목개발사업팀
최형석 IBM과장
한기수 INTERMAX 대표
한영식 종합건축사무소 두영 대표건축사
한중석 법무법인 바른 변호사
허영태 신용보증기금 과장
허인석 세무사허인석사무소 세무사
홍윤표 ㈜키라에셋 부장
홍인섭 법무법인 태승 변호사
홍희권 SK네트웍스 부장
황종규 ㈜이데아건설 팀장